从琴纳谈病毒传染病

刘枫　主编

黄河出版传媒集团
阳　光　出　版　社

图书在版编目（CIP）数据

从琴纳谈病毒传染病 / 刘枫主编 .—— 银川：阳光
出版社，2016.7（2022.05重印）
（站在巨人肩上）
ISBN 978-7-5525-2775-9

Ⅰ.①从… Ⅱ.①刘… Ⅲ.①琴纳，E(1749-1823)-
生平事迹 – 青少年读物②病毒病 – 青少年读物③传染
病 – 青少年读物 Ⅳ.① K835.616.2-49 ② R51-49

中国版本图书馆 CIP 数据核字 (2016) 第 179092 号

站在巨人肩上　从琴纳谈病毒传染病　　　　　　刘枫　主编

责任编辑　金小燕
封面设计　瑞知堂文化
责任印制　岳建宁

黄河出版传媒集团
阳 光 出 版 社　出版发行

地　　址　宁夏银川市北京东路139号出版大厦（750001）
网　　址　http://www.ygchbs.com
网上书店　http://shop129132959.taobao.com
电子信箱　yangguangchubanshe@163.com
邮购电话　0951-5047283
经　　销　全国新华书店
印刷装订　天津兴湘印务有限公司
印刷委托书号　（宁）0020175

开　　本　710 mm×1000 mm　1/16
印　　张　8.25
字　　数　132千字
版　　次　2016年7月第1版
印　　次　2022年5月第2次印刷
书　　号　ISBN 978-7-5525-2775-9
定　　价　35.80元

版权所有　翻印必究

前　言

哲人培根说过："读史使人睿智。"是的,历史蕴含着经验与真知。

科学的发展是一个漫长的过程,一代又一代的科学家曾为之不懈努力,这里面不仅有着艰辛的探索、曲折的经历和动人的故事,还有成功与失败、欢乐与悲伤,甚至还饱含着血和泪。其中蕴含的人文精神,堪称人类科技文明发展过程中最宝贵的财富。

本系列丛书共30本,每本以学科发展状况为主脉,穿插为此学科发展做出重大贡献的一些杰出科学家的动人事迹,旨在从文化角度阐述科学,突出其中的科学内核和人文理念,提升读者的科学素养。

为了使本系列丛书有一定的收藏性和视觉效果,书中还汇集了大量的珍贵图片,使昔日世界的重要场景尽呈读者眼前,向广大读者敬献一套图文并茂的科普读本。

由于编者水平有限,加之时间仓促,疏误之处在所难免,敬请广大读者批评指正。

编者

目 录

琴纳的自我介绍

名句箴言

如果能为全人类解除天花瘟疫，献出我的一个儿子不是很值得吗？

——琴纳

自我介绍

我于 1749 年出生在英国格洛斯特郡伯克利小镇上。12 岁时跟随一位内科医生学习医学，后来在一家医院里边学解剖边工作。1792 年我在圣·安德鲁大学获得医学学位。46 岁时，我成为格洛郡内的一位有名的内科和外科医生。

我所在地区的奶场女工和农民当中有一种公认的说法：牛痘是牛患的一种轻度病，但它可以传染给人，人若传染上牛痘，就再也不会得天花病。我认识到如果农民的说法是正确的话，那么给人种牛痘就是使之获得天花免疫的一种安全的方法。我对这个问题进行了仔细的调查研究，1796年我决定直接对它加以检验。

牛痘是牛患的一种轻度病，但它可以传染给人，人若染上牛痘，就再也不会得天花病

1796年5月，我用从一个奶场女工手上的牛痘脓包中取出来的物质给我的儿子注射。如事先所料，孩子患了牛痘，但很快就得以恢复。我又给他种天花痘，果不出所料，孩子没有出现天花病症。

经过进一步的调查后，我在一本薄书《天花疫苗因果之调查》里公布了我的调查结果，并于1798年非正式地发表了这本书。《天花疫苗因果之调查》这本书使接种方法被迅速采用，随后我又发表了另外5篇论接种的文章。我为人们接受接种而长年旰衣宵食，四处宣传。

接种法迅速在英国传开了，不久就在不列颠陆军和海军中强制实行，最终它被全世界大部分地区所采用。

琴纳的自我介绍

　　牛痘接种的成功,为免疫学开创了广阔的领域,在国际上,我赢得了极大的荣誉。1799 年夏,人们称誉我为伟大的发明家和生命的拯救者,拿破仑也曾称我为一代伟人。

跟我来！

在漫长的历史长河中，鼠疫、天花、霍乱、黄热病、流感等传染病威胁着人类的生命。18世纪，英国医生琴纳接种牛痘预防天花成功，标志着人类揭开抵御传染病的序幕。后来人类又逐渐认识到，病毒是传染病的罪魁祸首，并由此开启了病毒学的研究。

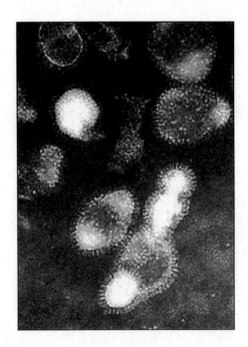

病毒

人类对病毒的研究时间并不长，从病毒的发现到目前仅有百余年的研究历史。然而，人类对病毒病的明确记载却已经有400多年了。早在1566年就有了关于疯狗咬人致病，即狂犬病的最早记载，人们还发现狂犬病毒能够传染给其他许多动物。当时整个世界对狂犬病的病原进行了长期的探索，但直到1885年人们还不知道狂犬病是由什么引起的。在此之前，人们与狂犬病进行了艰苦的斗争,16世纪人们勇敢地用木棍打疯狗,希望减少该病的危害。英国伦敦的皇家医学院甚至到现在还珍藏着一幅由托马斯绘制的患狂犬病的病狗图。

一提起狂犬病,人们自然会想到法国著名科学家巴斯德那段脍炙人口的故事。巴斯德处在细菌学说占统治地位的年代,他并不知道狂犬病是一种病毒病,但从多次反复的科学实验中他知道有侵染性的物质经过长期的传代和干燥,毒性会大大减少。于是他将含有病原的狂犬病的延髓提取液注射兔子后,再将这些减毒的液体注射狗,以后狗就能抵抗正常强度的狂犬病毒的侵染。

1885年,人们把一个被疯狗咬得很厉害的9岁男孩迈斯特尔送到巴斯德那里请求抢救,巴斯德犹豫了一会后,就给这个孩子注射了毒性减到很低的狂犬病毒提取液,然后再逐渐用毒性较强的提取液注射。巴斯德的想法是希望在狂犬病的潜伏期过去之前,使他产生抵抗力。巴斯德成功了,

正在给迈斯特尔注射狂犬病毒提取液

孩子的生命得到挽救。迈斯特尔后来当了巴斯德研究所的守门人。

1886年，巴斯德还救活了一位15岁的牧童——朱皮叶,现在记述着少年的见义勇为和巴斯德丰功伟绩的雕塑就坐落在巴黎巴斯德研究所外。巴斯德在1889年发明了狂犬病疫苗,他还指出这种病原物是某种可以通过细菌滤器的"过滤性的超微生物"。

人类历史中第一种有文字记载的病毒病是天花。17～18世纪时,欧洲曾发生过天花大流行。我国早在10世纪就有接种人痘预防天花的记载,16世纪的明代则已经发明了用病人的皮痂磨成粉末通过鼻孔接种来预防此病的方法。

人类从很早就意识到天花能够预防,预防天花可用疫苗。痘苗最初是用天花痘痂制成的,叫作"时苗"。实际上就是用人工方法感染天花,所以危险性比较大。后来改用经过接种多次的痘痂作为疫苗,叫作"熟苗"。熟苗的毒性已减,接种后比较安全。在清代医学著作《种痘心法》中说:"其苗传种愈久,则药力之提拔愈清,人工之选炼愈熟,火毒

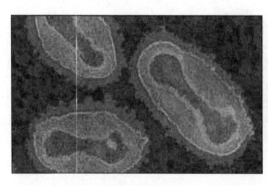

天花病毒

汰尽,精气独存,所以万全而无害也。若时苗能连种七次,精加选炼,即为熟苗。"从这段文字看,我国人民在天花疫苗的选种培育上是完全符合现代疫苗的科学原理的。这种对天花疫苗"提拔愈清,人工之选炼愈熟,火毒汰尽,精气独存"的选育工作,是和今天用于预防结核病的"卡介苗"的定向减毒选育而保存抗原性方法的原理完全一致的。卡介苗于20世纪初研制成功,它是把一株有毒力的牛型结核杆菌,通过牛胆汁培养基培养,每3个星期左右传代一次,一共传代230多次,费时历13年之久得到的无毒活菌株,然后用来制成了卡介苗。

人痘接种法在我国取得了很大的成功,我国儿童的健康得到了保障,不久,这项技术传到了国外。清康熙二十七年,俄国医生到北京来学习种人痘的方法,以后便由俄国传入土耳其。英国驻土耳其大使夫人孟塔古在君士坦丁堡看到当地人为孩子们种痘用来预防天花,取得了很好的效果,由于她的弟弟死于天花,她自己也曾感染过天花,所以在1717年她给自己的儿子种了人痘,后来又把这方法传入英国,得到英国国王的赞同。不久,种人痘法就盛行于英国,更由英国传到欧洲各国和印度。至于日本等国,种人痘法是18世纪中叶直接由我国传去的。种痘法的发明,可以说是我国对世界医学的一大贡献。而琴纳发明牛痘,可能也受到我国的影响。

1796 年,英国医生琴纳接种牛痘成功,天花得到了有效的预防。1798 年,琴纳发表了有关用牛痘预防天花的论文。1805 年,种牛痘法由澳门的葡萄牙商人传入我国。牛痘比人痘有更大的安全性,我国也逐渐用牛痘代替了人痘,并改进了种痘技术。因此可以这样说,病毒的人工免疫法是中国人发明,由英国人完善的。中华民族是伟大的民族,我国人民不仅善于发明创造,而且善于接受外来的科学文化,使我国固有的科学文化更加灿烂光辉。

谈起植物病毒,首先要提到的就是烟草花叶病毒。郁金香碎色花病是有记载的最早的植物病毒,至今荷兰阿姆斯特丹的博物馆还保存着一张 1619 年荷兰画家的一幅得病的郁金香静物画。得病的郁金香有什么特别之处吗?有,病花特别漂亮。我们现在已经很难想象当时人们对郁金香病花的狂热了,一枚得病的郁金香球茎能够换来一头牛、一头猪或羊甚至成吨的谷物或上千磅的奶酪。100 多年以来,烟草花叶病毒在病毒学发展史乃至遗传学、生物化学以及当代基因工程中起到了里程碑的作用。在病毒学研究的许多阶段,它都扮演着重要角色,它使人们了解到什么是病毒、病毒的结构、病毒的侵染、复制以及抗病毒基因工程等等。时至今日,植物病毒仍然是病毒学工作者的宠儿。

植物病毒对病毒的发现起到了重要的作用。1859年,斯威腾首次描述烟草花叶病症状,然而那时人们对病毒病的了解并不是很多。后来,在荷兰工作的德国人麦尔把烟草花叶病株的汁液注射到健康烟草的叶脉中,引起了健康烟草的花叶病,从而证明这种病是可以传染的。1892年,俄国的伊万诺夫斯基不但重复了麦尔的试验,而且发现其病原能通过细菌所不能通过的过滤器,然而他本人并没有注意到这个新的发现,反而抱怨他用的过滤器出了毛病。用这个出了"毛病"的过滤器滤过的细菌培养液,保持了几个月都未污染细菌的事实也没能改变他的看法。当时他生活在巴斯德细菌致病说的极盛时代,他还没有足够的勇气冲破思想上的无形禁区。

荷兰的细菌学家贝叶林克是一个敢于正视现实的人。1898年,他重复和肯定了伊万诺夫斯基的结果并且证明显微镜下看不到病原物,试管里用培

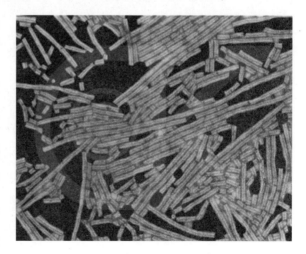

烟草花叶病毒

养细菌的方法也培养不出病原物,但它能扩散到凝胶中,因此得出结论认为病原是一种比细菌还小的"有传染性的活的流质"。从历史的记载不难看出,真正发现病毒存在的是贝叶林克,给病毒起名为"Virus"的也是他。

1898年,德国细菌学家勒夫勒和费施发现引起牛口蹄疫的病原体也可以通过细菌滤器。1915～1917年,图尔特和迪海莱都分别发现了细菌噬菌体。欧洲许多国家从事马铃薯退化病的研究,特别是在荷兰以匡杰为首的研究者,在20世纪30年代证明了马铃薯退化病是有传染性的。

Virus一词刚传到中国时,有人把它译成"毒素"。我国微生物学界的老前辈俞大绂先生最初直译为"威罗斯",后来改名为"病毒",即能致病的毒物。同时我国著名的植物病毒学家周家炽先生建议把"病"和"毒"字加在一起,成为一个双音的单字,可惜没有被大家接受。

俞大绂

积极探索 擒获真凶

名句箴言

只有顺从自然，才能驾驭自然。

——培根

罪恶的病毒

古罗马悲歌

要想了解古罗马的历史，就要看历史学家伊瓦格瑞尔斯对历史的记载，他对公元 6 世纪及公元 7 世纪中、晚期摧毁了罗马帝国以及世界大部分地区的瘟疫的可怕症状是这样描述的："在有些人的身上，它是从头部开始的，眼睛充血、面部肿胀,继而是咽喉不适,再然后,这些人就永远地从人群中消失了……有些人的内脏流了出来;有些人身患腹股沟腺炎,脓水四溢,并且发高烧,这些人会在两三天内死去。有的瘟疫感染者尚能苟延残喘几天,而有的病人则在发病后几分钟内死去。有些人感染了一两次又康复了,但是等待他们的,不过是第三次感染以及随之而来的死亡而已。"

被瘟疫袭击的城市

埃及是罗马帝国最早遭遇到瘟疫的地区,第一个发生瘟疫的城市是地中海港口培琉喜阿姆。培琉喜阿姆一直是埃及的敌人的传统侵入点,波斯人、叙利亚人、希腊人甚至亚历山大大帝本人都是从这里侵入埃及的,但是这一次,"敌人"不是身穿铠甲出现,而是随着一群乱窜的老鼠登陆的。瘟疫从南部取道红海抵达培琉喜阿姆,经由苏伊士运河"进军"罗马。

瘟疫摧毁了培琉喜阿姆,并迅速蔓延到了亚历山大港,继而侵占了君士坦丁堡以及罗马帝国全境。罗马帝国人口的 1/3 死于瘟疫的第一次大规模爆发,而在罗马帝国首都,居民死亡人数多达 1/2。

《圣徒传》作者兼历史学家约翰见证了这一巨大的灾难,他这样写道:"实际上,上帝的满腔怒气都化作了一台榨汁机,毫无怜悯之心地蹂躏、挤榨着上好的葡萄——许多城市的居民。"约翰描述了人们遭遇到的痛苦,他概括了瘟疫的大致景象:"四处的房子,大也好、小也罢,漂亮也好、舒适也罢,全都在刹那间变作了居住者的坟墓。房子中的仆人们和主人们,躺在他们的卧室里面,同时都在自己的虚弱之外突然觉出了死亡的气息。"到处都是"因无人埋葬而在街道上开裂、腐烂的尸体",四下都有倒毙街头、令所有观者都恐怖与震惊的"范例"。他们腹部肿胀,张开的嘴里如洪流般喷出阵阵脓水,他们的眼睛通红,手则朝上高举着。尸体叠着尸体,在角落里、街道上、庭院的门廊里或者教堂里腐烂。"在海上的薄雾里,有船只因其船员遭到了上帝的愤怒的袭击而变成了漂浮在浪涛之上的坟墓。"

作为历史的记载者,约翰本人也曾试图逃离瘟疫,然而不论他逃到哪里,瘟疫总是接踵而至,到了最后,他无处可

逃。在约翰寻找"避难所"的亡命之旅当中,他绝望地目睹了瘟疫以其摧毁城市的力量同样摧毁了乡村:

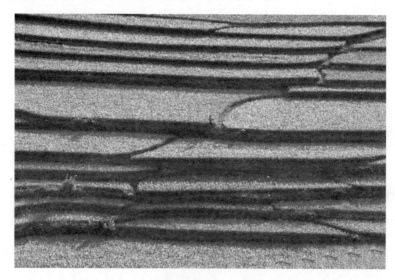

成片的谷物无人收割

"一天又一天,我们也像所有的人一样,叩击着坟墓的大门。如果夜晚来临,我们就会想,死亡定会在夜间来攫取我们的性命;若黎明降临,我们又会整日面对坟墓之门。

我们看到了荒无人烟的呻吟着的村庄。地上铺满了尸体,路边的补给站一片漆黑,孤寂与惊骇充斥了每一个碰巧走进其中又离去的人的心。被人遗弃的牲畜四散在山间,根本无人看管。"

约翰看到了田地当中满是成熟的谷物,但这些谷物却根本无人收割贮藏;他发现大群已经快要变成野生动物的绵羊、山羊、牛以及猪,这些牲畜已然忘却了耕地的生活以及曾经放牧它们的人类的声音。

约翰用自己手中的笔相当详细地记录下了这场大灾难，记录下了这场前所未有的恐怖：

"当这场灾祸向这座城市袭来的时候，它的首选目标是那些睡在大街上的贫苦阶级。

在一天当中，5000～7000 人，甚至是 12000～16000 人离开了这个世界。由于这还仅仅只是个开始，政府官员们就站在港口、十字路口以及城门处清点着死亡人数。

这样，君士坦丁堡人濒临了灭绝的边缘，只有少数幸存者。如果仅仅考虑那些死在街头的人——若有人希望我们能够说出实际上曾经统计过的具体的死亡数字——有超过30 万人在街头毙命。那些负责清点死亡人数的官员统计至23 万人后，发现死亡人数简直难以计数，所以不再清点。从那以后，尸体就不经清点直接拉出城去了。

当局很快就找不到足够的埋葬地了。由于既没有担架也没有掘墓人，尸体只好被堆在街上，整个城市散发着尸臭。"

约翰叙述了在这场瘟疫中，灾难是如何迅速来临。人们是怎样猝不及防，城市是怎样土崩瓦解的：

"有时，当人们正在互相看着对方进行交谈的时候，他们就开始摇晃，然后倒在街上或者家中。当一个人手里拿着工具，坐在那儿做他的手工艺品的时候，他也可能会倒向一边，灵魂出窍。人们去市场买一些必需品，当他站在那儿谈话或者数零钱的时候，死亡突然袭击了这边的买者和那边的卖者，商品和货款尚在中间，却没有买者或卖者去捡拾起来。

从各方面来说，所有的一切都被摧毁掉了，世界只剩葬礼上的哀伤。整座城市就如消亡一般

瘟疫来临，城市土崩瓦解

停滞，因此，城市的食物供应也中断了。

在墓地用完之后，死者被葬在海中。大量的尸体送到海滩，在海滩上，它们被塞入等待的船只，然后船只开始航行。在每一次航行当中，所有的尸体都被推进海里，然后，船只再返回海滩装运其他的尸体。

站在海滩上，可以看到担架与担架之间可谓摩肩接踵，先装运两三具尸体，运到海滩上，然后又回来装运其他尸体。其他人则使用木板和棍子运送尸体并把它们一具叠一具地堆起来。有些尸体由于已经腐烂，同席子粘在了一起，所以人们用棍子将尸体运到海滩，再把这些流着脓水的尸体扔在

海滩上。"

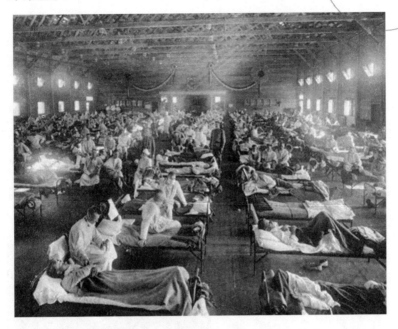

瘟疫夺去了成千上万人的生命

堆积如山的尸体淹没了整个海滩,这些尸体如同大河上的漂浮物,脓水流入海中。虽然所有船只穿梭往来,不停地向海中倾倒装载的"可怕货物",但是,要清理完所有死尸仍然是一件不可能的事情。因此,查士丁尼皇帝决定采取一种新的处理尸体的办法,即修建巨大的坟墓,每一个大坟墓可容纳 7 万具尸体。被指定执行这一令人厌恶的任务的高级官员是皇帝的大臣,一个名叫西奥多的男人。皇帝指示他可以"取用所有必需的黄金"。

西奥多下令在城市正北、金角水道另一侧的一座山上挖掘这些巨大的坟墓。"他召集了许多人，给了他们大量的黄金"，要他们来挖这些深坑并开始埋葬死者。

"他安排了一些人往坑里运送并翻转尸体，像堆干草一样将尸体一层层地压紧，还安排人在深坑处拿着黄金鼓励工人和平民运送尸体，每运送一具尸体就奖赏5个、6个甚至是9个、10个第纳尔。一部分人站在深渊般的大坑底部，另外一些人则站在大坑边上，后者把尸体如投石机投掷石块一样扔入坑内，坑底的人则抓住尸体并按交替相错的方向将它们一排排地叠起来。

由于缺少足够的空间，所以，男人和女人、年轻人和孩子都被挤在了一起，就像腐烂的葡萄一般被许多只脚践踏。接着，从上面又扔下来许多尸体，这些贵族男女、老年男女、年轻男女以及小女孩儿和婴儿的尸体就这样被摔了下来。"

人们无一遗漏地被瘟疫玩弄于股掌之间

瘟疫造成的悲惨景象深深地震撼了约翰，死中求生的经历打击了他，但更激励了他,于是他写下了这样一段话:"每一个王国、每一块领地、每一个地区以及每一个强大的城市,其全部子民都无一遗漏地被瘟疫玩弄于股掌之间。因此,当我,一个不幸的人,在想要把这些事件——记入历史档案的时候,有很多次,我的思维都被麻木黏滞住。而且,出于很多原因,我想将它完全忘却:首先是因为就算是所有的口舌相加,也是无法叙述它的;此外还因为当整个世界都在摇晃,走向崩溃,当一代人的生存时间都被大大缩减了的时候,就算是能够记录下这些数不胜数的事件当中的一小部分,又有何用呢?而记录下这一切的人,又是为谁记录下这一切的呢?

但是,我接着又想,用我们的笔,让我们的后人知道上帝惩罚我们的数不胜数的事件当中的一小部分,这总不会错。也许,在我们之后的世界的剩余岁月里,我们的后人会为我们因自己的罪行而遭受到的可怕灾祸感到恐怖与震惊,并且能因我们这些不幸的人所遭受的惩罚而变得更加明智,从而能将他们自己从上帝的愤怒以及未来的苦难当中解救出来。"

幸亏约翰及时地记录下了这一切,可以想象约翰如此详尽而生动地描述这次灾难的"全景"是需要多大的勇气啊!他面对瘟疫时是如此的矛盾,灾难给幸存者的心灵打击和创伤比逝去者更为严重。然而让人钦佩的是,这位史学家在伤痛、困惑、绝望之余给后人留下了这么珍贵的记录。也许,他心目中的"后人"只是他所在的、曾经强大无比、在这次瘟疫中却濒于灭绝的罗马帝国的后代。尤其可贵的是,约翰希望"后人"们通过这场灾难"变得更加明智"。我们能共享约翰这些无与伦比的记述,实在是幸运。

历史学家伊瓦格瑞尔斯亲身经历了4次这样大规模的瘟疫流行,并在这些瘟疫当中失去了绝大多数的亲人。

"我的许多孩子、我的妻子以及我的许多曾一度幸存下来的亲人,都被疾病夺去了生命……现在,当我写下这些文字的时候,我已经58岁了,离瘟疫第四次爆发,离袭击安提俄克还不到两年。在那场灾难当中,我失去了我的女儿和我的外孙,她们追随以前失去的那些亲人去了。"

"我想整个人类都饱受了疾病的折磨,在有些城市,疾病肆虐的程度甚至达到了将城中居民清洗一空的地步。"

伊瓦格瑞尔斯生活在瘟疫传播的发源地,当他还是个孩子的时候,他就被疾病所感染,与感染病毒者同样的经历让他认为自己有责任记述这些事件。公元593年,在他58岁的时候,他以一种非常悲痛的笔触记录下了自己所经历的一切:

"每个人感染疾病的途径各不相同,根本不可能一一加以描述。有些人是因为彼此结交以及生活在一起,有些人是因为身体接触或者是因为处于同一居所,或者甚至是因为在市场上的接触。有的人逃离了被感染的城市,并且他们本人也的确非常健康,但是,他们却把疾病传播到了没有生病的人群当中。也有一些人甚至就居住在被感染者中间,并且还不仅仅与被感染者,而且还与死者有所接触,但他们完全不被感染。还有人因为失去了所有的孩子和亲人而主动拥抱死亡,并且为了达到速死的目的而和病人紧紧靠在一起,但是,疾病仿佛不愿意让他们心想事成似的,尽管如此折腾,他们依然健康如故。"

看过了伊瓦格瑞尔斯的叙述,让人震撼极大。也许这些叙述并不是很详尽,但他把瘟疫的几个极端状态写得淋漓尽致:有的人因为不堪忍受瘟疫的摧残和亲人的离去而宁愿死亡;有的人把疾病传染给了别人,自己却很健康,这一发现对后来的医学研究价值连城的。

约翰和伊瓦格瑞尔斯的关于公元 6 世纪那场瘟疫的描述触目惊心,激起人们对每一个遭殃者的无限同情。那么又有谁来同情罗马帝国和它的统治者呢?

公元 6 世纪中叶,拜占庭帝国皇帝查士丁尼企图征服旧罗马帝国以及它的周边地区,还占领了西西里和西班牙很多地方。然而就在那时,公元 542 年,即查士丁尼当上皇帝 15 年的时候,瘟疫爆发了。这场瘟疫冲出埃及,袭击拜占庭首都君士坦丁堡,59 岁的查士丁尼染上了瘟疫,这引起整个城市乃至整个国家的恐慌。

虽然统治者们试图用封锁消息的方法来稳定局势,但是宫廷内部首先恐慌起来,在那些大臣们看来,连至高无上的皇帝都染上了瘟疫,国家必然是死到临头。反过来说,要想保持宫廷的镇静是无济于事的,正如约翰在自己的手稿中所记载的那样,"在一天当中,5000～7000人,甚至是多达12000～16000人离开了这个世界。"君士坦丁堡人,无论是庶民还是贵族,都经历了这痛苦不堪的3个月,入冬时发病的症状变得更加致命,有很多病人转成了传染性肺炎。当瘟疫消退,城中40%的居民已经死亡。这场让半数居民死亡的瘟疫,造成的后果决不仅仅是人口的消减,因瘟疫引起的饥荒和内乱,粉碎了查士丁尼已经接近实现的野心,古罗马帝国从此衰败。

查士丁尼及其臣子

此时,罗马的崩溃已不单纯是一个国家的崩溃,罗马对欧洲文明影响的最终丧失,预示了一个以"黑暗时代"闻名的政治混乱与文化衰落时期的开始,大不列颠因为凯尔特人无力抵抗来自德国撒克逊人的入侵而改变了命运。这个时代的改变与罗马瘟疫都有着直接或间接的关联,病疫决定了广袤的欧亚大陆无数人的未来。

雅典的崩溃

希腊史学家修昔底德对公元前 430 年毁灭雅典的那场瘟疫进行了描述,他的描述是这样的:

"身强体健的人们突然被剧烈的高烧所袭击,眼睛发红仿佛喷射出火焰,向内的部位,如喉咙或舌头,开始充血并散发出不自然的恶臭。紧跟着这些症状的是打喷嚏和声音粗哑,这之后痛苦很快延伸到胸部并引起剧烈的咳嗽。当它在胃部停住,胃便开始难受,医生们命名的各种各样的胆汁开始流

希腊史学家修昔底德

出,伴随着巨大的焦虑和烦乱。"

呕吐和腹泻之后便是可怕的干渴,这时患病者的身体疼痛发炎并转成溃疡。因为无法入睡或无法忍受床榻的触碰,有些病人光着身体在街上游荡,到处寻找水喝直到倒地而死。甚至有狗也死于此病,吃了躺得到处都是的尸体的乌鸦和雕也死了。存活下来的人不是没了指头、脚趾、眼睛,就是丧失了记忆。

雅典的社会结构崩溃了,一半以上的居民和 1/4 的城邦军队在瘟疫中死去。公元前 429 年,雅典之王培里克里斯也感染了瘟疫并死在海边,随之消亡的还有拥有 4000 名士兵的雅典舰队。瘟疫让人们丧失了最基本的道德,盗窃、谋杀和抢劫在雅典如瘟疫般流行起来。文明的雅典,在那个时候,道德也像人的尸体一样腐败了。在以后的数年中,雅典人的最高权力机构始终没有得到恢复,与斯巴达的战争本应短期结束但却拖延了 30 年,雅典国力衰竭,最后雅典丧失了活力,雅典的政治势力萎缩了,雅典的黄金时代只成了一种回忆和传说,雅典王朝结束了它的历史使命。

修昔底德用他的冷静、细心和审慎的笔记录下了症状,从而让后世的人从中认识那神秘的疾病,但现在仍然没有人能够确定是什么导致了雅典的灾难。修昔底德在记录中提到灾难从"埃塞俄比亚的港口开始的,从那里进入埃及、利比亚以及波斯大部分地区"。在希腊它只毁灭了雅典和"居民最多的其他城镇",5年后灾难完全消失。历史学家阿诺·卡伦推测这可能是麻疹、猩红热、天花、伤寒或某种不再存在的疾病在欧洲的初次登场;另一种猜测是一种流感或类似的疾病因葡萄球菌感染而复杂化了,导致了中毒性并发症。

欧罗巴覆灭

欧罗巴消失了,对这段可怕的历史不少史学家都有所记述,欧洲文学史上最重要的人物之一、意大利文艺复兴时期人文主义的先驱薄伽丘在1348～1353年写成的《十日谈》就是以瘟疫为题材的巨著,在书的引言中谈到了佛罗伦萨这场特别严重的疫情,这场瘟疫在当时被称为黑死病,实际上指的是鼠疫。在书中他描写了病人突然跌倒在大街上死去或者冷冷清清地在自己的家中咽气,直到死者的尸体发出了腐烂的臭味,邻居们才能知道隔壁发生的事情。

那是一段让人毛骨悚然的日子,"葬礼连连不断,而送葬者却寥寥无几"。扛夫们抬着的死者往往是整个家庭,他们把死者送到附近的教堂里去,在那里由教士们随便指派个什么地方埋葬。当墓地不够用的时候,他们就将占地较大的老坟挖开,然后再把几百具尸体层层叠叠地塞进去,就像往船舱里堆放货物一样。在长达6个月的鼠疫期间,佛罗伦萨的居民死掉一半以上。鼠疫对锡耶纳的蹂躏也同样残酷,为了使大量的死者尽快入土为安,那里不得不加盖新的教堂。在帕尔马,诗人佩特拉卡的一个朋友全家人在 3 天内都因鼠疫而相继死去,诗人的笔下为此留了悲伤的诗句。

没有过多久,到处都可以见到这种悲惨的景象。法国的马赛有 56000 人死于鼠疫的传染;在佩皮尼昂,全城仅有的 8 名医生只有一位从鼠疫的魔掌中幸存下来;阿维尼翁的情况更糟,城中有 7000 所住宅被疫病弄得人死屋空,以至罗马教皇不得不为罗纳河祈祷,请求上帝允许把死者的尸体投入河中;巴黎的一座教堂在 9 个月当中办理了 419 份遗嘱,比鼠疫爆发之前增加了 40 倍;甚至历史上著名的英法百年战争也曾由于爆发了鼠疫被迫暂时停顿下来。

据历史的记载,鼠疫给荷兰和法兰德斯地带来的灾难也异常惨重,死亡人数多得令人难以置信。那里荒芜的田园无人耕耘,洞开的酒窖无人问津,无主的奶牛在大街上闲逛,当地的居民却无影无踪。在比利时的图尔奈城,主教大人成了鼠疫的第一个受害者。下葬时,教堂为他敲响了丧钟。从这天起,每当早晨、中午和晚上,送葬的钟声不停地为新的死者哀鸣。

1348 年,鼠疫传播到了德国和奥地利的腹地,瘟神走到哪里,哪里就有成千上万的人被鼠疫吞噬。维也纳曾经在一天当中死亡 960 人,德国的神职人员当中也有 1/3 被鼠疫夺去了生命,许多教堂和修道院因此无法维持。

鼠疫带来的灾难异常惨重，医务人员在研究防疫对策

1348年，鼠疫在英国横行无忌，从大城市蔓延到了最小的村落。由于农业工人死亡过多，白金汉郡的一个大庄园倾其收入也只够交纳房租；有的庄园里佃农们甚至全部死光。温切斯特大教堂为此不得不改变计划中的大规模扩建工程，只修建了西侧的门面，几百年后的今天它依然矗立在那里。在肯特郡的罗切斯特教区，主教属下的4个神父、5个协理、6个侍童、7个抄写员和10个佣人纷纷死去，这位主教大人的身边连一个"愿意赎罪的灵魂"也没有了。在伦敦至少有两位坎特伯雷的大主教因患鼠疫先后病逝，老百姓死得就更多了，几乎占伦敦人口的一半以上。像其他许多城市一样，鼠疫的猖獗使伦敦的犯罪率急剧增加,道德也大大沦丧。

欧洲其他地方也同样遭到了瘟疫的袭击:鼠疫夺去了拜占庭皇帝的一个儿子;有些斯普利特的人们从瘟疫中挣扎着活了下来,却没有躲过狼群的残害;西班牙国王阿尔方斯被瘟神夺去了生命。

1351 年,鼠疫渐渐地平息下去,欧洲的人口大约损失了1/3。后来的 300 年当中,鼠疫曾经一再重新爆发,并成为欧洲死亡率最高的传染病之一。

鼠疫破坏了人们平静的生活,威胁着人们的生命,它对社会造成了无法估量的损失,但它却给艺术家们带来了灵感,使他们创作出以死亡为主题的舞蹈和绘画。

19 世纪初,欧洲从这种可怕的疫病中解放出来,这个地区重新恢复了活力。

霍乱大侵略

1817 年,印度洪水暴发,恒河淹没了大片良田。5 月份,印度出现了第一例霍乱病人,可怕的瘟疫开始在印度作孽。当年年底,霍乱越过了印度边界来到邻国和邻国的邻国。任何山川峡谷都不能阻挡它,任何国度都可成为它传播的舞台。它传向日本、中国、阿拉伯国家,进入波斯湾和叙利亚,然后又向北指向欧洲的门户里海。1823～1824 年,冬天的严寒暂时阻隔了瘟疫的传播。1829年夏季，霍乱开始复活，它向东、向西、向北沿着贸易路线和宗教朝圣路线迅速地向欧洲人口密集中心推进。1830年，霍乱传到了莫斯科。1831年春天，它到达了波罗的海沿岸的圣彼得堡，从那儿它又轻易地跳到芬兰、波兰，然后向南进入匈牙利和奥地利。差不多同一时间，柏林出现了霍乱，紧接着汉堡和荷兰也报告出现了病情。

欧洲到处都是瘟疫的警报，英国的广大民众密切关注着疫情的发展。1831年6月2日，国王威廉四世在国会开幕式上说："我向诸位宣布一下众所关心的可怕疾病在东欧不断发展的情况，我们必须想方设法阻止这场灾难进入英国。"然而，瘟疫的传播并不因国王的话而改变，国王说的想方设法还没有一丝头绪，瘟疫就已进入英国。

英国出现了第一例霍乱病患者，这个可怜的人死在濒临北海的港口城市森德兰郊区。一个制陶业的画师患病后上吐下泻，排泄物就像是大麦粉加水那样的白色液体。他的手脚发凉、体出虚汗、面色青黢、两眼下陷、嘴唇青紫、口渴难耐、鼻息阴冷、讲话无力、嗓音嘶哑，脉搏细弱得几乎感觉不出它的跳动。除此之外，这位画师还发起高烧。尽管病情很严重，他还是渐渐好了起来。可是两天以后邻居家的一个仆人出现了同样的症状，结果却未能逃脱死亡的命运。

死神的来临是如此的迅速，那些仅会治疗一般肠胃传染病的英国医生们对此束手无策，他们只能含含糊糊地把它解释为严重的"夏季腹泻"。从 1831 年 10 月 23～31 日，仅森德兰一地就有 202 人死于霍乱，第二年的 1 月初，英国东北部其他地区也出现了霍乱传染。2 月份，霍乱蔓延到伦敦港口区，到了夏天，整个英国首都的疫情已经相当严重。1832 年，伦敦共有 11000 人受到传染，其中死亡人数占一半左右，而这个数字在当年英国全国的霍乱死亡人数的 1/4。

在英国漫游过的霍乱跨过圣·乔治海峡，来到了爱尔兰，又从爱尔兰渡过大西洋一直传到加拿大和美国。在欧洲它遍及法国、比利时、挪威、荷兰。

1832 年，德国著名诗人海涅正在巴黎，他不幸目睹了这个悲惨的时刻，为此他留下了生动的描述："3 月 29 日，当巴黎宣布出现霍乱时，许多人都不以为然。他们讥笑疾病的恐惧者，更不理睬霍乱的出现。当天晚上多个舞厅中挤满了人，歇斯底里的狂笑声淹没了巨大的音乐声。突然，在一个舞场中，一个最使人逗笑的小丑双腿一软倒了下来。他摘下自己的面具后，人们出乎意料地发现，他的脸色已经青紫。笑声顿时消失，马车迅速地把这些狂欢者从舞场送往医院，但不久他们便一排排地倒下了，身上还穿着狂欢时的服装。"

海涅的描述是如此经典，短短的篇幅把霍乱传播的快和严重描述得生动而准确，他的笔下同样呈现了面对瘟疫的众生百态。

积极探索擒获真凶

在遥远的大西洋，美洲人已经得到了警告，他们组成了专门委员会来对付疾病，医生们聚在一起交换霍乱来临的应对措施。霍乱从加拿大的魁北克省和蒙特利尔登上了北美洲的陆地。1832 年 6 月 26 日，纽约市的一名爱尔兰移民带着霍乱病症死去。不到 7 天，他的妻子和孩子也相继死去。纽约市立即采取了严格的隔离检疫措施。商店关门，枢车来回穿梭于大街小巷之间。由于死亡率急剧上升，街沟中常见一些尸首。

纽约人纷纷逃离城市，去乡下寻找避难之所，但他们不久便发现，连逃跑也不是件容易之事。刚刚跨过长岛海峡，迎接他们的不是友好的问候，而是罗德岛人连珠炮似的枪声，因为谁也不愿让这可怕的疾病传入自己的家园。以纽约州为中心，霍乱向四周扩散。它通过伊利运河到达美国中西部地区，又乘着内地的马车和海岸线边的船只到达新奥尔良，并夺去新奥尔良 5000 人的生命。密执安州伊普西兰蒂的当地民兵竟向来自底特律的邮车开枪，只因为底特律已经出现了霍乱。在随后的两年中，霍乱时起时伏，夺去了美国上千万条生命。

1863 年，一度沉静的霍乱又开始死灰复燃，这次霍乱大流行历时 10 余年，到 1875 年才逐渐平息。到 1881 年，该病又由印度开始猛烈流行，后传至世界各地，死者不计其数。历史上把这两段时间称为霍乱第四、五次世界大流行。

疟疾大爆发

疟疾是世界瘟疫的一个重要组成部分,它大约威胁到 90 个国家的人民的生命,受害者可能超过 20 亿人。据估计每年实际患疟疾的人数为 3 亿～5 亿,90％以上发生在非洲的热带国家。每年死于疟疾的人数为 150 万～350 万,这些人当中大多数是非洲儿童,通常是在很少或根本没有任何医疗保健服务的遥远乡村。其他极易患疟疾的人群包括孕妇,还有难民和迁移的人。

疟疾的典型症状是发烧和无任何不适感的两个阶段的反复循环。疾病开始的标志是头痛,一般的小病如疲乏、作呕、肌肉痛、轻度腹泻和体温稍有增加等等都会有这种感觉,所以这些非常模糊的症状经常会被误以为是流感或胃肠感染,然而疟疾最严重的时候,开始是急遽的高烧,然后发展成谵妄、惊厥和意识逐步丧失,随后是持续昏迷直至死亡。

一般来说,疟疾发病的原因是被传播疟疾的按蚊叮咬。当蚊子刺破血管吸血的时候,它把疟原虫注入了宿主的血液中。已知世界上大约有 400 种按蚊,其中有 60 种会传播疟疾。疟疾也可以通过输血或污染的皮下注射器来传播。先天性疟疾可以在生育前或生育期间由母亲传给婴儿。人类

按蚊

疟疾由 4 种疟原虫引起:镰刀状疟原虫、长命疟原虫、卵形疟原虫和疟疾疟原虫,这 4 种疟原虫中最厉害最危险的是镰刀状疟原虫,如果碰巧有足够多种类的蚊子,那就也有可能同时感染上所有这些非同一般的微生物。

疟疾并非人类特有的疾病,现在已知的近 120 种疟原虫中至少有 22 种感染灵长目动物,19 种感染啮齿目动物、蝙蝠和其他哺乳动物,还有 70 多种可以感染鸟类和爬虫类。

危险汗热病

1552 年,英国医生约翰·凯厄斯写了一本名为《汗厥症治疗刍议》的书。书中记录了 1485 年 8 月英国出现的一种可怕疾病,这场疾病延续到是年 9 月底。这种不知名的疾病以迅雷不及掩耳之速带给英国人巨大的灾难:有些人早上开窗户时便突然死去;有些人正与孩子在街巷中玩耍,却突然倒了下去;还有些人正高高兴兴地吃饭,但饭未吃完便一命归天,从病症发作到病人咽气前后不到两小时。

这本书写的是真实的事件,描述的是 1551 年 4 月凯厄斯正好目睹的发生在英格兰中、西部地区的灾害。当时,这场灾害由英格兰中、西部向东南蔓延到英吉利海峡,向北扩散到苏格兰边界。到了 9 月份,疾病不知怎么就消失了。

这种疾病在中世纪前英国历史上从未见过,它的俗称叫汗热病,首次爆发于 1485 年。1485 年 8 月,亨利·都泽在博思沃思原野上打败了约克王朝的国王查理三世,结束了英国的“玫瑰战争”,但当凯旋的军队进入伦敦时,汗热病也被带了进来。在短短的 3 个星期内,该病夺去了伦敦 2 个市长、4 个高级市政官、许多贵族和无数英国平民的生命。因为这场难缠的疾病,亨利·都泽七世的加冕典礼也不得不推迟。牛津大学被迫停课 6 个星期,因为学校的教员和学生不是在床上死去,就是逃离城市到乡下躲避灾难。1485 年晚秋时节,来势凶猛的汗热病神奇地销声匿迹。有人说是一场猛烈的风暴把它刮到海中去了,也有人在进行别的猜测。不管怎么说,反正它消失了。第二年它没出现,第三年它还没有出现。事实上,在整整一代人的时间中,它没有再来侵犯。

1508 年的夏天,汗热病又突然出现在英国的国土上,连国王也吓得魂不附体,来回几次变换住所,以求逃脱死神的追赶。这次疾病滞留的时间很短，到了中秋时节，它又神秘地消失了。

英国人过了 9 个平静的春秋，然而 9 年过去了，也即1517 年，汗热病再一次神奇地出现在英国人面前。这次，它来势凶猛，毫不留情，吞噬了更多人的生命，亨利八世的大法官沃尔西就险遭它的毒手，牛津大学 400 多名学生被它夺去了生命，伦敦街头丧钟长鸣。著名的政治家托马斯·摩尔曾在信中感叹道："我相信，血战沙场也比待在伦敦城内要安全得多。"

1528 年 6 月，英国爆发了第四次汗热病。亨利八世的情人，即他后来的妻子安妮·博珍也染上了疾病，幸运的是她被治愈了，但其他的人可没有她那份运气，他们纷纷死于疾病恶魔的手中。

1551 年，汗热病又来到了英国伦敦，正是这次疾病促使凯厄斯写下了《汗厥症治疗刍议》。从那以后，许多人也试图用科学方式解释汗热病的问题。汗热病究竟是什么病？它从何而来？为什么它定期发生？它又是如何消失的？为什么它喜欢袭击英国人，而且受害的男人要大大多于女人？为什么在 1551 年爆发后它便再也没有出现过？

汗热病的具体病因至今人们还弄不清楚，人们对它的解释顶多只是一种猜测。凯厄斯认为，被阳光蒸发的大地恶雾和水蒸气也许是该病的主要病因。他还说，疾病之所以喜欢袭击英国人是由于英国人食肉过多、饮酒过甚,并食用了过多带病毒的水果,因而生活优裕的中年男子是该疾病进攻的主要对象。

就整个病情发展情况来看,贫困的人们好像确实比富有的绅士抵抗力要强得多,也许他们辛苦的生活环境使他们逐渐地增强了免疫力,另外一点是穷苦的人很少去找医生看病,而当时医生的一些疗法比疫病本身更可怕。当时汗热病有一种常用的疗法,即找一群人看护在病人周围并以各种方式不让病人睡觉,因为汗热病人大多是在睡眠或昏睡状态下死去的;还有的医生不仅不让病人休息而且还让人往病人鼻孔中压入气体或灌入烈醋。

汗热病的病症很像流感、猩红热、斑疹、伤寒、脑膜炎等病的一些病症,其发生过程更像回归热,其病菌携带物不是人,而是多年寄生在鸟或小动物身上的虱子,但在一定环境中,如气候条件特殊,不协调的饮食而引起的免疫力下降、人口迁移等情况下,疾病可能突然暴发。

汗热病有两大特点:它的第一个特点是突如其来,而且通常在夜间至凌晨之间袭击人们。发病开初病人浑身发冷、颤抖,有的还伴随着头疼、背痛、干渴、食欲不振、呼吸短促或高烧。几小时后,病人不是立即痊愈就是在昏迷中死去。它的第二个特点是特别"偏爱"英国人。其他疾病在英国出现后,通常会穿过英吉利海峡传播到欧洲大陆去,而该疾病好似专与英国人作对。疾病暴发了 6 次,只有 1582 年那一次传到了欧洲大陆,在德国扎下根,翌年又传播到北欧和中欧地区,其他 5 次都局限在英国境内。

对汗热病的诸多解释纷繁复杂,而且很富有想象力,但所有的解释都只是假设。400 多年过去了,汗热病的问题仍然悬而未决,这种疾病如同它在 16 世纪一样,也许仍在某处躲藏着,随时伺机袭击人类。

名句箴言

少而好学，如日出之
阳；
壮而好学，如日中之
光；
老而好学，如炳烛
之明。

——刘向

病毒起源说

人们从很早就开始了对病毒起源的研究，然而病毒与细胞有着密切的联系，这就给病毒起源的研究增加了不少困难。1988 年以来，随着对病毒与细胞相互作用的分子模型分析和病毒核酸的分子生物学研究以及病毒基因克隆技术的发展，病毒的起源目前形成了三种最有代表性的观点。

第一种观点认为,病毒是生物进化过程中的一种最基础的生命物质,病毒既具有化学大分子的属性,又具有生物的部分特征。这似乎提示,在从无机自然界到生命出现这一漫长的转变过程中,病毒正处于非生物到生物的过渡位置,也就是说病毒正好填补从化学大分子到原始细胞生物中间的空白。因而可将病毒的发展步骤解释为:地球上生命物质产生的环境中首先由无机物质演化为有机物质,再演化为大分子生命物质。这个学说是根据生命起源学说和分子进化理论所提出来的一种纯粹的假设,没有任何进化上的证据。

第二种观点认为,病毒是一种高级微生物的退化生命物质,微生物细胞在生命历程中丢弃了部分基因,因而丧失了独立的自我繁殖能力,最终退化为病毒。提出这种观点有以下理由:在细胞内环境寄生的细菌与病毒之间,还存在着像立克次氏体和衣原体这样一些比细菌更原始,而且是专性细胞内寄生的中间形式,并据此推测,由寄生于细胞的低级细菌退化为立克次氏体

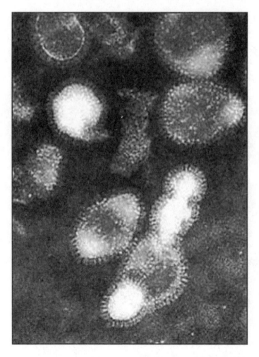

禽流感病毒

一类的生物,再退化为衣原体一类的生物,进而退化成病毒。如果假说成立,那就应该在病毒能够感染的动植物细胞和细菌细胞中找到这种细胞内寄生的小型细胞生物,但实际情况并非如此,况且,在立克次氏体和衣原体中未见发现病毒的报道。可见,该观点无法成立。

第三种观点认为,病毒源自正常细胞的核酸,因偶然途径从细胞内脱离出来变为病毒,这就是目前比较流行的病毒起源的内源性学说。这个观点有一些间接证据:病毒与质粒的相似性,质粒本属于细胞的一部分,但它可以随时脱离细胞,并在细胞之间传递;有很多DNA病毒,如细菌病毒中的λ噬菌体,植物病毒中的花椰菜花叶病毒,动物病毒中的乙肝病毒、腺病毒、疱疹病毒和乳头瘤病毒等,这些病毒的DNA或全部或部分可以结合到它们所寄生的细胞的染色体上,从而变为细胞的一部分,这正好是细胞核酸外逸的逆过程;利用核酸分子探针技术发现

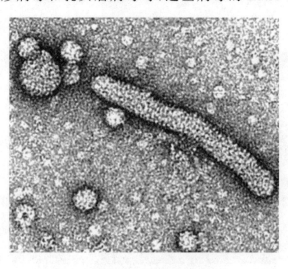

电子显微镜下的乙肝病毒

很多能与细胞染色体结合的病毒 DNA 的整合区序列与发生整合的染色体的侧翼序列有很大的同源性,尤其在一些逆转录病毒中的癌基因 V－onc 与细胞中的原癌基因 C－onc 高度同源;正常细胞中存在较广泛的逆转录型可动遗传因子,如酵母细胞的 Ty 因子、果蝇的 Copia 样因子、脊椎动物的 IAf 基因和逆转录型重复序列,如人的 Alu 因子及 KpnⅠ因子等,提示正常的细胞中含有 RNA 所介导的 DNA 合成反应,而这与逆转录病毒的核酸的复制行为一致。这些间接证据能够解释一部分 DNA 病毒的起源,但要说明 RNA 病毒的起源却十分困难。

1999 年,第十一届国际病毒学大会在澳大利亚召开,会上对病毒在基因水平上的起源及进化提供了新的证据:在一

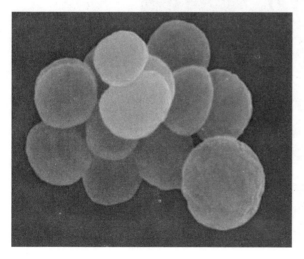

细菌

种古细菌中发现了被称为"反转子"的遗传单元,它是仅含一个基因并且能自我复制的一段核酸分子,具有重要的基因捕获功能。其基因序列与宿主细胞等位基因高度同源,并且在密码子的

使用频率上也有高度相似性,根据对这种古细菌的年代考证,估计反转子在4亿年前就已存在。随着古细菌的进化,反转子从细菌基因库中捕获基因,扩大自己的遗传信息量,增加生物学功能,最原始的感染性病毒颗粒由此产生,原始病毒采取不同的复制策略,于是产生病毒的不同进化程度。因此可以说,生命是从细菌开始的,细菌是病毒进化的摇篮。其基本步骤是这样的:地球上最早出现的病毒可能是以RNA为基因组的逆转录病毒,然后发展成以DNA为基因组的逆转录病毒,最后出现的是DNA病毒,而RNA病毒则可能有其独立的演化途径。

RNA

积极探索擒获真凶

　　以上三种关于病毒起源的观点给了人们很大的启示,它告诉人们病毒起源是复杂和多元化的,不同病毒有着不同的起源。

名句箴言

我们唯一不会改正的缺点是软弱。

——奥斯特洛夫斯基

真凶的擒获

法国在19世纪出现了一位伟大的生物学家,他就是巴斯德。巴斯德在生物领域取得了很大的成就,他最主要的成就是同素异构的发现、发酵本质的发现、主张疾病是由细菌引起的生源说、对预防接种技术的发展,巴斯德是近代生物学的奠基人。

19世纪60年代,巴斯德首次通过

巴斯德

实验和观察证明细菌等微生物是传染病的罪魁祸首。

19世纪30年代初的巴黎,流行着一种人称"虎列拉"的恶性瘟疫,其实虎列拉就是霍乱。这场霍乱几乎毁灭了整个法国,甚至还危及到了欧洲的大部分地区,造成了人口的大量死亡。当时的巴黎有60万居民,但死于这场瘟疫的就有38000人。医务人员确定瘟疫的主要发源地是亚洲的恒河湾,染病的原因是人们饮用了恒河湾不干净的水,特别是饮用了生水。这项结论出来以后,人们再也不敢喝井水,连泉水也不敢喝了,只能靠酒活命。

有人记录下了当时的情况:当一个人在马路上倒下时,路人不是立即去救他,而是拔腿就逃。护士们赶过来,用带着皮手套的双手,将奄奄一息的不幸者拖走。深夜,再将尸首成批成批地运到郊外,草草地埋掉,为了防止老百姓们惊惶不安,连病人的卧具遗物也要毫不保留地烧掉。

虎列拉最终被制服了,当虎列拉这个害人的魔头被制服时,人们欢呼雀跃,在这忘情的喜悦当中有位科学家被淡忘了,他就是巴斯德。巴斯德一路追踪虎列拉,发现了虎列拉的致病菌螺旋菌,从而挽救了芸芸众生,建立了不朽的业绩。

1822 年,路易·巴斯德出生在法国多尔城的一个制革工人家庭。巴斯德的父亲是拿破仑军队的退伍军人,他希望自己的儿子将来能成为一个学者和教授。巴斯德从小聪明伶俐,富于极强的进取心,特别是考取巴黎高等师范学校时表现得尤为突出。

巴黎高等师范学校是法国的名牌学校,该校培

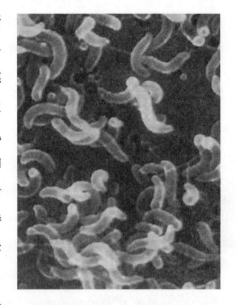

虎列拉的致病菌螺旋菌

养了一大批优秀的专家。考取巴黎高等师范学校是一种光荣,有时甚至允许报考这所学校都是一种荣誉。在第一次进入该校的竞争考试中,巴斯德排列第 16 位,巴斯德拒绝入学,他说要准备得更好些再去就读。1843 年,他再次参加入学考试,取得了第四名的优异成绩。

巴斯德在巴黎高等师范学校学到了很多东西,其中最重要的就是认识到实验可以帮助人们解决各种问题,他认为实验是用来解决生物学和医学的问题的最佳方法。学生时代的巴斯德学习成绩平常,但多才多艺,曾喜欢绘画,希望成为美术家。一次偶然的机会改变了他的人生。法国大化学家

杜马的学术讲演激起了他从事科学研究的热情,这种热情一直保持终生。记得大哲学家维特根斯坦曾经说过:"天才并不比任何正常人有更多的光,但是他有一个能聚焦光致燃点的特殊的透镜。"巴斯德也有这样一个特殊透镜,他的特殊透镜就是他一生研究细菌世界的坚韧和执著。

在巴黎高等师范学校毕业后,巴斯德首先在酒石酸研究中取得了成绩,并因此引起了学术界的注意。他勇敢地推翻了当时的化学权威对酒石酸结晶体的已有成见,得出了酒石酸结晶体同质异晶的结论,也就是巴斯德首次发现晶体的旋光异构现象。这一结论

年轻时期的巴斯德

引起了巴黎大学物理教授普伊雷的重视,在普伊雷的大力举荐下,巴斯德成了巴黎大学的化学教授,他以其勤勉和才华博得了学术界的尊敬。

1854 年,巴斯德离开巴黎大学,来到法国著名葡萄酒产地的里尔任职。不久,他发现了发酵的奥秘,巴斯德从此踏入了细菌的神奇王国。

里尔是法国酿酒业的中心地区之一。

透过窗户,里尔企业家比戈先生在自己的办公室里看院中工作人员卸货。比戈先生看到卸货工作大体结束,正准备下班回家,这时,工厂守门人通过传声筒告诉他,巴斯德先生应邀前来,正在会客室等他。

会客室里,一名差役已经点燃了球形煤气灯,暗绿色的微光使处在幽暗中的笨重家具显得轮廓分明,那些铜饰品和整齐摆放在餐具橱上的奖杯、奖牌在熠熠闪光,它们是比戈酿酒厂半个世纪以来获得荣誉的见证。比戈先生在这间会客室里,专门向巴斯德请教甜菜根制取酒精的问题,并聘请巴斯德担任工厂的科学顾问。他向巴斯德提供一间装有先进显微镜的实验室,供巴斯德研究使用。

实验室是一座光线明亮的玻璃房,在一座四层楼上。在房内的实验桌上,放着一台德国造的显微镜,一个条状玻璃板下封着几个小瓶子,分别装着酿酒各阶段中提取出来的样品。比戈父子曾经企图找到使甜菜酒变质的原因,阻止由于发酵引起的糖分和酒精在正常情况下的分离,然而他们的尝试没有成功。

酿酒业是里尔地区的主要产业,比戈的工厂生产的香槟酒更驰名欧洲。然而各个酒厂经常发生莫名其妙的事:本来香醇芬芳的葡萄酒、啤酒突然变酸,不能饮用,工厂因此蒙受巨大的损失,酒厂老板一致推举巴斯德来解决这一难题。

从此，每个星期有好几次可以见到一位戴着夹鼻眼镜，穿着白色羊毛护身大褂的先生出入于比戈工厂的车间。这位先生十分细心地了解从原料洗涤机开始，经过切割机切制，最后将甜汁送入神秘的发酵罐中进行发酵的酿酒全过程。他一会儿走到这儿，一会跑到那边，不时地抽取酒样品，然后把酒样倒进几只贴着标签的小瓶里，再把这些小瓶交给小比戈。

了解了酿酒的全过程，提取了需要的酒样品，巴斯德先生便一头扎进实验室里去了。他用显微镜观察各种过程中的酒，特别是把变酸的酒和未变酸的酒进行反复的比较，最后发现了问题。

巴斯德发现，当发酵正常时，酵母菌是圆的，但是发酵异常时，酵母菌就变长了。酒变质时，会发觉小球体消失了，出现了一些杆状体，巴斯德把这种导致酒变酸的细菌叫作乳酸杆菌，并断定酒变酸是乳酸杆菌污染的结果。

让酒变酸的真凶找到了，那么怎么消灭这个凶手呢？巴斯德为此发明了加热灭菌法。巴斯德告诉比戈和酒厂老板们，必须对刚酿好的酒缓缓加热到55℃，只有这样才能杀死酒中的乳酸杆菌，然后塞紧瓶塞，保证酒不再变质发酸。"巴斯德消毒法"使比戈及里尔的酿酒业消灭了"意外事故"，酿酒的成本大大降低。

在解决了酒变酸的问题之后，巴斯德又应蚕农们的要求解决了养蚕业的蚕病问题。

不断的成功让巴斯德成为了一位闻名遐迩的大化学家,但巴斯德前进的脚步并未停止,他仍然在思考着其他问题。巴斯德由酒变酸和蚕病都是微生物所致联想到,威胁着千百万人生命的狂犬病、斑疹

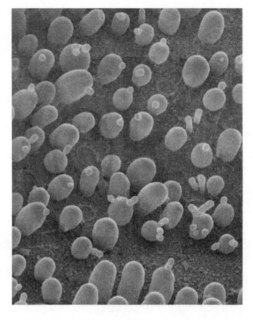

酵母菌

伤寒、霍乱、黄热病以及禽畜的瘟疫等可能也是细菌等微生物作祟的结果。巴斯德把研究细菌致人生病作为自己的研究目标,然而,真正促使他走上为人体治疗疾病的道路的是他终生难忘的那两件事情,这两件事情改变了巴斯德的一生。

在阿莱斯治疗蚕病的某天夜里,一个种葡萄的人敲响他的家门,正打算就寝的巴斯德在砖石铺地的前厅接待了他。

"我的女儿病了,而且病得很严重。巴斯德先生,您能不能去看她一下?"

"可我并不是医生啊！"

"等我去城里请到医生，我的女儿大约要死了，她喘得厉害……"

"先生，我没有权力给您的孩子治病，因为我只是一名化学家。"

"您不是治好了我们的病蚕吗？"

由于巴斯德治好了法国南部加尔省的蚕病，在蚕病重灾区阿莱斯，巴斯德已成为一位传奇式人物，人们把他看作一位高明的医师，一位像魔术师一样能够改变一切的能人。

虽然将葡萄种植者送走了，但这位种植者的话却一直萦绕在巴斯德的耳畔。是的，葡萄种植者做的论断并不完全对：他没治好蚕病，至多是指出防止蚕生病的方法罢了。然而，难道不能由此看到治病救人的前景吗？难道不能通过消灭微生物来制止传染病吗？他仿佛听到了那个女孩子的呻吟声，那是对他的

生物学家巴斯德

召唤。

　　巴斯德认为首先要找到这些让人生病的病菌，才有可能让人类远离它们。怎样才能使病菌远离人类呢？这个问题长期困扰着巴斯德。病菌还没有远离人类，战争却开始了。

　　1870 年，普鲁士同法国进行了战争，战线推进到巴黎附近，法国北部城市色当沦陷后，法军全线溃退，法国皇帝拿破仑三世做了俘虏。战争期间，最凄惨的工作就是救护那些伤员。在塞纳河上，驶过一艘艘长长的轻便帆船，船尾上悬挂着红十字标志的都成了医院。

　　在巴黎的圣蒙特罗医院，巴斯德看到了上百个伤员等待救治。在外科手术室里，十几个外科大夫组成的手术小组在给伤员做截肢和扩创手术。

　　由于乙醚的麻醉作用，一切手术都在安静地进行，听不到病人的叫喊声。然而，当时医院的手术人员还没有无菌操作的概念，就连著名的医生都相信细菌的自生说。他们认为"病菌"是在化脓的伤口内自生的，细菌不是引起疾病的原因，而是疾病造成的产物。医生的任务是截去化脓的肢体，根本不注意手术过程中的细菌感染。病菌造成的感染正从一个病床蔓延到另一个病床，从一个伤口传染到另一个伤口。细菌在大量繁殖的同时使伤口不断化脓发臭，不到 24 小时之内，大部分手术病人几乎都被败血症夺走了生命。

　　看到这样悲惨的场面，巴斯德再也无法忍受了，他不愿意只做一个显赫的化学家，他要成为一个医生，让病菌消灭在治疗阶段。他曾经写道："看来，我非得同时研究化学和医学两种专业不可了！"

　　细菌到底是生物体内自生的还是外界传染的？这一问题至关重要。如果是自生的话，那么医生不需要无菌操作是允许的；如果不是自生而是传染的话，那么任何涉及人体的操作都必须设法灭菌。

　　在巴斯德生活的那个时代，没有人怀疑细菌自生的理论，可是巴斯德的研究表明，从来没有表明任何一个细菌或球状菌体是自生的。巴斯德通过实验，制造细菌的隔离环境，在这个隔离环境里就不会发生腐烂现象。

　　巴斯德用几只颈部细长、容易封口的圆底烧瓶盛上极易变质的液体：啤酒酵母液。然后，用沸煮法消毒，杀死可能含有的一切细菌。当液体沸腾时，他封闭了瓶口，造成了一个绝对纯净的无菌区。只要瓶口封着，这些啤酒酵母液能在几个月甚至几年内长时间地保持不变。倘若打开瓶口，让载有细菌的空气进入瓶内，几小时后，就可以看到液体变质。显微镜显示出，在变质的液体内，细菌确实在大量增殖。巴斯德用无可辩驳的事实，证实了细菌是外界传染的观点。

　　渐渐地，医学界接受了巴斯德的观点，他们不再重复使用脏纱布,手术刀使用时用火烧一下,这些简单的无菌操作最后演变为成套的消毒除菌技术,这项技术挽救了无数的伤病员的生命。

巴斯德从事医学研究后不久,把精力集中到发现各种致病菌的实验研究上。1878年夏天,巴斯德确定恶性炭疽病的致病菌为炭疽菌,不久,他又发现致病种类繁多的葡

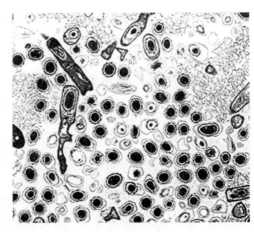

炭疽菌

萄粒子菌,这种葡萄粒子菌可以引起痈、瘰疬、疔疖、咽喉炎和各种脓疮,是世界上散布最广、危害范围最大的细菌之一。巴斯德在研究禽类霍乱的过程中,发现了动物的接种免疫能力,后来又扩展到畜类的炭疽病免疫方面。巴斯德的研究促进了各国科学家对致病菌的研究。

在巴斯德之后,挪威科学家汉森发现并分离出麻风杆菌;德国科学家科尔伯发现了白喉菌;巴斯德的学生用血清提取的菌苗变异物治愈了白喉;德国医生分离出结核杆菌;巴斯德的另一个学生发现了卡介苗,结核病得到了永久的终结。

积极探索擒获真凶

1885 年，巴斯德发现了欧洲人谈虎色变的虎列拉病原菌——霍乱螺旋菌，研制出了治疗这种霍乱的药物，巴斯德为霍乱的根治立下了汗马功劳。

在制服了霍乱病菌之后，巴斯德开始向狂犬病进攻。是什么导致巴斯德将狂犬病作为自己的研究目标呢？巴斯德说："我的研究工作并不像某些人想象的那样，是根据某一个一成不变的计划进行，而是客观世界偶然促成的：里尔大学的学生向我谈起他父亲对酿酒的忧虑，促使我研究了酒精发酵……拿破仑三世的命令，又使我承担了抢救病蚕的任务，现在人家又给我两条疯狗，我就只好研究狂犬病了。"原来，一个叫布埃尔的军队老兽医送给巴斯德两条疯狗，希望他研究为什么疯狗咬人会造成人的死亡。

巴斯德猜测，狂犬病的病源很可能是一种细菌，这种细菌生存在狗的唾液里，从感染细菌到最初病状的出现，这段潜伏期很长。巴斯德将疯狗的唾液注射进几只实验用的兔子体内，后来又用疯狗血液重复上述实验，但他最终都没有观察到这种致病菌，一向十分显灵的显微镜现在似乎不那么管用。后来人们才知道，狂犬病是一种比细菌还更微小的病毒造成的。当时巴斯德用的显微镜还分辨不了这些病毒。

虽然研究困难重重，巴斯德最后还是证实了狂犬病毒不仅存在于唾液里，更存在于大脑内。虽然巴斯德当时还无法分离出狂犬病毒,但是他仍然坚持要制成抗狂犬病的疫苗。经过3个月反复的实验,巴斯德在法国巴黎科学院宣布:狂犬病有了它的疫苗。

1885年7月6日,9岁的梅斯特来到巴斯德的住所。这个孩子被疯狗咬伤达10处之多,别的医生经过诊断都宣布这孩子生还无望。巴斯德给他接种了疫苗,最后小梅斯特在巴斯德的治疗下复原了。巴斯德的第二个病人也同样得到了成功的治疗。初步的成功,轰动了整个欧洲,人们纷纷把病人送到巴斯德这里,他是世界上唯一能把他们从狂犬病中挽救出来的人。

截止到1886年10月,巴斯德已经治愈了大约2500人,他治疗狂犬病的失败概率是1/170。到1935年为止,约有51057人被疯狗咬后在巴黎巴斯德研究院进行了接种,死亡率约为0.29%。

人类征服了狂犬病。

巴斯德取得了巨大成就,他在致病原因及抗病疫苗的研究上的伟大贡献让他成为现代细菌病理学的伟大奠基人。1888年,法国为了表彰巴斯德的杰出贡献成立了巴斯德研究院。不幸的是,当时巴斯德的身体已经十分虚弱,他甚至不能亲自在研究院成立典礼上讲话,巴斯德只发表了书面讲话。他说:"当今,似乎人类社会有两条相反的规律正在激烈地相互搏斗。一条是流血与死亡的规律,它总是设想着破坏性的手段并迫使各民族陷入水深火热的灾难；另一条是和平、工作和健康，它则总在发展新方法并把人类从灾难的重围中解救出来。"为了第二条规律，巴斯德贡献了他毕生的才华和整个生命。

巴斯德倒下以后，科学家科赫、艾尔利希、弗莱明、多马克等人前仆后继地向危害人类生命的疾病冲击。人类的健康状况日益改善，人口平均寿命日益见长，这与巴斯德的贡献是分不开的。

人们怀念巴斯德，他将流芳百世。

回首历史,我们不难看到瘟疫的身影,瘟疫曾夺去地球上数以亿万计人类的生命,曾蹂躏过人类创造的财富,它带给我们的不只是噩梦,更是毁灭。

雅典瘟疫

2400多年以前,一场来势凶猛的疾病几乎摧毁了整个雅典。在1年多的时间里,雅典的市民们仿佛生活在无边无际的噩梦之中,身边强壮健康的年轻人会突然发高烧,咽喉和舌头充血并发出异常恶臭的气味,不幸的患者打喷嚏,声音嘶哑,因强烈的咳嗽而胸部疼痛,最后失去生命。

一位医生发现用火可以防疫,古老的雅典得到了挽救。

流 感

公元前412年,希波克拉底已经记述了类似流感的疾病。19世纪,德国医学地理学家详细列表记述了自1173年以来的历次类似流感的流行病暴发情况,从他的记述中可以看到由流行性感冒引起的第一次流行病于1510年发生在英国。后来在1580年、1675年和1733年也曾出现过流行性感冒引起大规模流行病的情况,但对流感大流行最早的详尽描述是在1580年,自此以后,文献中共记载了31次流感大流行。其中,1742~1743年由流行性感冒引起的流行病曾涉及90%的东欧人,1889~1894年席卷西欧的"俄罗斯流感",发病范围广泛,死亡率很高,造成严重影响。

鼠　疫

公元6世纪,世界上发生了首次鼠疫。这次鼠疫起源于中东,流行中心在近东地中海沿岸。公元542年,经埃及南部塞得港沿陆海商路传至北非、欧洲,几乎殃及当时所有著名国家。这次流行疫情持续了五六十年,在疫情最严重的时候每天死亡近万人,死亡总数近1亿人,这次大流行导致了东罗马帝国的衰落。

公元14世纪,鼠疫又第二次蔓延,它的起源是什么呢?大家的说法都不一样。此次鼠疫流行此起彼伏,持续将近300年,蔓延地区遍及欧亚大陆和非洲北海岸,欧洲爆发的最为厉害。1665年8月,鼠疫造成的每周死亡人数达2000人,1个月后竟达8000人。几个月后,伦敦发生了一场大火,这场大火烧毁了伦敦的大部分建筑,老鼠也销声匿迹,鼠疫流行随之平息,这次鼠疫大流行在历史上被称为"黑死病"。

狂犬病

狂犬病毒非常微小,它的面貌清晰地呈现在人们的眼前只有100多年的历史,但明确的病毒致病的记载早在400多年前就有了。早在1566年,疯狗咬人致病的案例已经被记录下来,但直到 1885 年,人们还不知道狂犬病到底是由什么引起的。

在细菌学说占统治地位的年代,法国著名科学家巴斯德的试验为狂犬病的防治开辟了新的路径。巴斯德从实践中发现,将含有病源的狂犬病病毒提取液多次注射兔子后,再将这些毒性已递减的液体注射到狗体内,这样狗就能抵抗正常强度的狂犬病毒的感染。

结核病

结核病给人类生命带来的危害是很明显的,据资料介绍,自 1882 年柯霍发现结核菌以来,迄今为止,因结核病而死亡的人数已达 2 亿。

有 75％的结核病死亡发生在最具生产力的年龄组,全球已有 20 亿人受到结核病感染,每年感染率为 1％,即每年有约 6500 万人受到结核病感染。

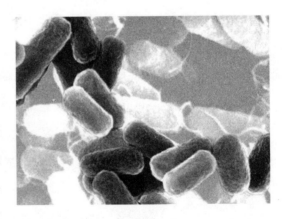

结核菌

好在现在结核病的防治工作已经得到越来越多人的重视,相信在不久的将来,人类将征服这个顽症。

第三次鼠疫

19世纪末,第三次鼠疫大流行,这次鼠疫是突然爆发的,发展到20世纪30年代达最高峰,总共波及亚洲、欧洲、美洲和非洲的60多个国家,死亡人数达千万人以上。

此次鼠疫流行传播速度之快、波及地区之广,远远超过前两次大流行,目前,鼠疫在北美、欧洲等地几乎绝迹,但在亚洲、非洲的一些地区,人鼠共患状况还时有出现。

流　感

1918年,一场致命的流感席卷全球,造成了2000万～5000万人死亡。尽管这场流感在美国被称为"西班牙女士",但是它似乎首先起源于美国,很有可能是从猪身上传播开来的。在1918年,近1/4的美国人得了流感,这场流感造成了50多万人死亡,几乎一半的死者是健康的年轻人。

平时发生的流感危害不大,但是美国每年也有11万人因患流感住院,3.4万人因患流感死亡。作为一种由病毒引起的传染病,流感没有特效药可治,不过可以注射流感疫苗进行预防,但有效率仅为70%～90%。由于流感病毒

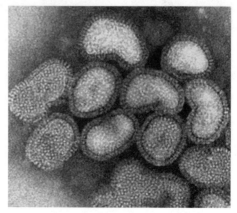

流感病毒

极其容易发生变异,每年流行的流感病毒类型不一样,因此必须每年注射疫苗才能发挥作用。

天 花

天花原来只在亚洲、欧洲和非洲流行,17~18 世纪,它成了西方最严重的传染病,不过天花在历史上的危害远远比不上鼠疫,这可能是因为天花的受害者以儿童为主,活下来的成年人大多已有免疫能力。

天花是感染天花病毒引起的,无药可治,1980 年,世界卫生大会正式宣布天花被完全消灭,天花病毒在自然界已不存在。

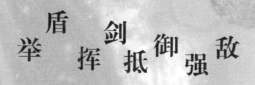

举盾挥剑抵御强敌

习惯是一条巨缆——
我们每天编结其中一根线，
到最后我们最终无法弄
断它。

——梅茵

名句箴言

抗菌素的发明

1984年3月1日，伦敦著名的拍卖行劳埃德商行的拍卖大厅里人头攒动，人们等待着购买自己心仪的物品。拍卖开始了，首先拍卖的是亚历山大·弗莱明的最早论文复写本，人们早就从拍卖公告中得知了这一消息。随着报价抬升，敢于竞争的买家越来越少了，最后，不足20页的论文复写本，竟然以2010

镑的惊人高价被买走了。

是怎样的一篇论文能够让买家出得如此高价呢？原来这是由弗莱明写的关于青霉素即盘尼西林抗菌剂的著名论文，多少年来，它是收藏家梦寐以求的收藏珍品。弗莱明是世界科学史上一位传奇式的人物，他发现了溶菌酶和盘尼西林，挽救了数以亿计的人们的生命，曾荣获1945年诺贝尔奖。收藏家们认为，这篇题为《关于盘尼西林培养液的抗菌作用》的论文，具有普度众生的魔力。

弗莱明

人类进入文明社会以来，人类发明了难以计数的各种药物，但自始至终药效不减、闯遍天下的，只有盘尼西林。它具有广泛的抗菌功能、无副作用和不使病菌产生抗药作用等优点。从它诞生之日起，人们就将它视为"神药"。

亚历山大·弗莱明是盘尼西林药物的发明者，他于1881年出生在英国爱尔沙亚的一座农庄，他父亲是一个庄园主，爱好自然科学。14岁时，弗莱明遵父命到伦敦去同他那当医生的兄弟住在一起,随后在一家船运事务所当小工。后来,弗莱明继承了一笔为数不多的遗产,这笔财产让他得以在圣玛丽医院学医。学习期间,聪颖的弗莱明差不多取得了所有的奖学金,1906 年,他以优异的成绩毕业,成了一名医生。离开了圣玛丽医院以后,弗莱明在赖特的预防接种站里找到一份临时工作,他在那里一待就是半个世纪。

弗莱明在做实验

赖特是一位医学的开拓者,他坚信疫苗对抵抗细菌入侵具有神奇作用,长期以宗教般的热情从事研究工作。他的接种站的经济来源,在很大程度上依靠出卖疫苗。弗莱明进入赖特预防接种站后,很快便成为研究小组中一名能干的成员,他发明了一些新的研究方法,制作了一些仪器,赢得了赖特先生和同伴们的赞许;与此同时,弗莱明还成了研究梅毒和用注射洒尔福散治疗梅毒的专家。

弗莱明把研究传染病作为自己的研究方向,正当他雄心勃勃准备在传染病治疗领域大干一场的时候,第一次世界大战爆发了。弗莱明和赖特在战争期间一起去战地医院服务,从事伤口感染的治疗。弗莱明的研究没有因战争而中断,他把研究传染病的热情转移到研究防治伤口感染上,这使他很快就抓住了问题的要害。

弗莱明认为要提高伤病的治愈率,就必须防止感染。有一次,医生在弗莱明的指导下,以近乎万无一失的方式进行了消毒灭菌,并用抗菌剂对伤员的伤口做了外科处理,大家都以为不会出现伤口感染。可是,几天之后竟有一些伤员因伤口感染、化脓而死去,这使弗莱明异常震惊,从此弗莱明把注意力集中到给伤员敷用的抗菌剂本身上了,经过精心的观察和反复实验,弗莱明找到了罪魁祸首。原来,当时医疗所用的抗菌剂,事实上是"有毒"的,为此他发明了用来给新的抗菌剂评估的试验方法,他们的工作非常出色,弗莱明所在的战地医院成为防止伤口感染效果最佳的医院。战争结束了,弗莱明又回到了赖特接种站,从事他心爱的研究工作。战争使赖特接种站的伙伴们减员了,但战后的重建工作又为站里增添了新生力量。不久,艾利森大夫成了弗莱明的助手,两人配合默契,工作很有成效。

1921年,弗莱明和艾利森共同合作,发现了溶菌酶。溶菌酶是一种大量分布在动植物组织中、能够溶解病菌的生物酶。当时,弗莱明和助手正在做一

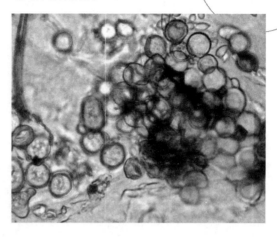

孢子

项生物培养抗菌试验,当弗莱明观察培养液时,培养液板恰好被一种十分稀少的生物孢子污染。机遇偏爱有准备的头脑,这种偶然的现象一下子把弗莱明的注意力吸引到早先并不认识的具有溶菌作用的酶上。随即,弗莱明将研究重点转移到酶上,他同艾利森一起对溶菌酶开展试验研究,为后来发现青霉素奠定了基础。

弗莱明和他的助手在对溶菌酶进行了7年的研究之后,本以为溶菌酶能够成为一种重要的疫苗或有效的药物,但是他们的目的没有达到,这是因为溶菌酶在病原生物方面几乎丝毫不起作用。科学研究终归面临成功或失败,而且失败的总量总是大于成功的总量,失败固然可惜,但宝贵的经验却是千金难买的,没有失败经验的人,不可能尝到成功的甜头,

失败获得的经验为弗莱明打开了通向盘尼西林的大门。1928 年,弗莱明发现了盘尼西林,完成了科学史上彪炳千秋的功业。

那是 1928 年炎热的夏天,赖特生物研究中心破例让大家休一个避暑假,大家都跑向海滨避暑胜地或一切清凉宜人的地方。几天来的连续失败使弗莱明的心情格外烦躁,他胡乱地放下手中的实验,准备去海滨避暑。天气热得让人透不过气来,什么事也干不下去,实验台上堆放着杂乱无章的器皿,这在 20 多年的科研生涯中还是第一次。从前,细心的弗莱明可不是这个样子的。

9 月初,天气渐渐凉爽下来,人们也心平气和了,赖特研究中心的人们陆续回来工作。一天,弗莱明来到实验室,观察他度假之前搁放在工作台上的一堆盛有培养液的器皿,他望着生毛发霉的试验器皿有些追悔莫及,应该在度假之前就把这些东西收拾好,他丢弃了这些不能再用的东西。过了不久,弗莱明重新取回其中的一些器皿,做进一步的观察。其中一个器皿经过第二次仔细检查之后,显现出这样一种现象:靠近一团霉菌的一些葡萄球菌落,明显地被溶解掉了。这时弗莱明脑子里已经有了溶菌酶的概念,特别是经历失败之后他得到了宝贵经验,他决定将这些菌落进一步培养观察,并做进一步深入的研究,于是发现盘尼西林的历史开始了!

霉菌

1928年10月30日，弗莱明郑重地在笔记本上写下了有关霉菌试验的情况。弗莱明将霉菌在常温下放入盘中培养了5天，再将其他多种生物培养液以条状穿过菌落，然后再用培养液加以培养。他把结果记录下来："某些生物体直接朝霉菌生长，甚至越过并覆盖住了霉菌，而葡萄球菌却在霉菌前2.5厘米处停下了。"在随后的一次试验中，弗莱明在装有混浊的葡萄球菌悬珠体瓶中又加入一些霉菌培养液，并进行培养观察，3小时之后悬珠体混浊液开始变清了。

弗莱明的那个灰色布面的道林纸笔记本上，有这个一句世界皆知的话："这表明在霉菌培养液中包含着对葡萄球菌有溶菌作用的某种物质。"这里提到的"某种物质"后来被命名为盘尼西林。

1929年1～6月，弗莱明和他的年轻助手里德利、克莱道克一起研究了这种被命名为盘尼西林的霉菌的活动情况。

盘尼西林能够生存在许多种不同的生物体中,生命力极强,经过试验证明它对活细胞无毒害作用,一系列试验结果使弗莱明高兴极了。他认为盘尼西林就是他长期梦寐以求的"完美无缺的抗菌剂"。

1929 年 5 月 10 日,弗莱明将他有关盘尼西林的论文正式提交出版,这一版的复写本就是收藏家千金以求的珍本。论文的发表并没有立即给弗莱明带来荣誉和地位,相反,盘尼西林试

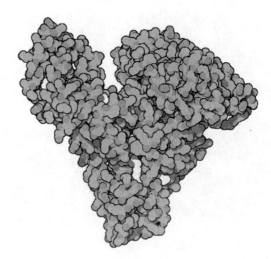

在血清存在的情况下,盘尼西林几乎完全丧失杀菌的能力

验失败的消息传入他的耳中。一听到这样的信息,弗莱明的心猛地一下子抽紧了许多,在此刻,弗莱明是多么害怕失败,因为这将证明他以前做的工作白费了,然而一些试验结果确实使弗莱明把盘尼西林作为一种全身或局部性抗菌剂的希望破灭。这些试验显示了盘尼西林的弱点,它必须花 4 个多小时才能把细菌杀死;在血清存在的情况下,它几乎完全丧失杀菌能力;如果它通过静脉注射到兔子身上,30 分钟之后

就会消失在血液中,并不能穿过感染的组织,因而不能将表层下面的细菌消灭……

此时,弗莱明意识到如果继续研究盘尼西林在临床上的使用,恐怕会得不偿失,因此他没有去做关键性的动物保护性试验,而这些试验极有可能揭示出盘尼西林真正具有的杀菌功能。从此,弗莱明放慢了研究盘尼西林的工作速度。

在 1930 年以后的 10 年时间里,弗莱明陆续发表了 27 篇论文,他一直将盘尼西林作为出售的疫苗进行生产,他并不鼓励别人去做盘尼西林的提纯工作,他自己对此也毫无兴趣。1936 年,磺胺产生了,这更使得盘尼西林黯然无光,人们几乎忘却了盘尼西林。

第一篇关于盘尼西林的文章发表了,以后的盘尼西林论文又陆续发表了。这些论文像离弦的弓箭一样,射出去就不再属于弗莱明,它是全世界的人的财富。盘尼西林在它的发现者那里受到了冷遇,但这些冷遇完全被牛津试验者的热度所弥补,一位名叫欧内斯特·金的研究酶的化学家让盘尼西林焕发了青春。欧内斯特·金在收集文献时发现了弗莱明的盘尼西林论文,他对弗莱明关于溶菌酶的设想十分感兴趣,随即他就将论文交给了著名的病理学家弗洛里。由于弗洛里的关注,盘尼西林才有机会显示它的效力。不久之后,弗洛里证明盘尼西林既不是溶素,也不是一种酶,但他对盘尼西林的抗菌效力十分满意。

　　1940 年 5 月 25 日，弗洛里进行了动物保护性试验，通过实验证实了弗莱明的盘尼西林菌株具有强大的杀菌作用，这个发现进一步鼓舞了弗洛里，他几乎把牛津大学的系变成一个进一步将盘尼西林用于临床试验的工厂。翌年，提纯盘尼西林的工厂果然开业。

　　不久，弗洛里将纯化后的盘尼西林应用于人体身上，取得了明显的效果，但遗憾的是他们发表的成果报告并没有引起公众的兴趣和反响，甚至连弗莱明本人对此也不置可否。

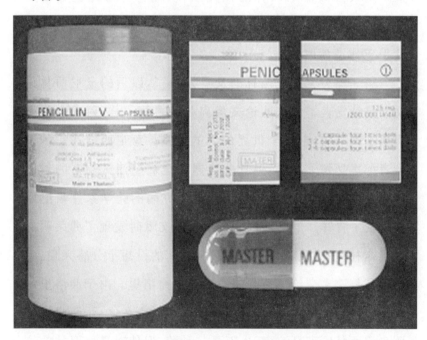

盘尼西林的问世曾为治疗疾病开创了新纪元

举盾挥剑抵御强敌

1942年8月，弗莱明有一位朋友患了脑膜炎，虽经磺胺药物治疗，但是没有什么效果。眼看病人快死了，弗莱明最后决定采用盘尼西林。他向弗洛里求援，弗洛里为他提供了一些盘尼西林并告诉他如何使用。用药之后，濒临死亡的病人奇迹般地恢复了健康。这位社会知名人士使弗莱明大夫马上成了无数家报纸采访的中心人物，盘尼西林立刻成了新闻界的宠儿。

盘尼西林治疗各种疾病显示出了神奇功能，这在欧洲引起了一场"盘尼西林旋风"。不久，盘尼西林闯遍天下，成了各科医生案头必备的抗菌剂，荣誉像雪崩一样朝弗莱明涌来。

1945年，弗莱明同弗洛里、欧内斯特·金分享了诺贝尔医学和生理学奖金。在这以后的10年里，弗莱明继续攀登在科学的道路上，他曾经获得15个城市的荣誉市民的称号、25个荣誉学位以及140多次重大奖赏、荣誉和奖励。

弗莱明既是一位技艺超群的细菌学家，也是一位具有敏锐眼光的观察家，他受到人类永恒的尊敬。

1955年，这位伟大的"盘尼西林之父"辞别了他精心维护的美好的世界。

名句箴言

不管人生的赌博是得
是损，只要该赌的肉尚剩
一磅，我就会赌它。

——罗曼·罗兰

结核病的克星

就像噩梦总是在黑夜出现一样，人类来到地球的那一刻起，结核病就如影随形地侵扰着人们，毫不留情地夺去了无数患者宝贵的生命。

人们都知道，一旦得了结核病，人就会消瘦、咳嗽、咯血。有人认为这是看不见的"魔鬼"在与人类作对，有些想象力丰富的人甚至在万般无奈之际求助于五花八门的"驱魔术",但是,这个穷凶极恶的"魔鬼"并不惧怕什么驱魔术,照样在人间肆虐横行。可怜的患者照样一批批吐血,又一批批含恨死去……以至于人们谈"核"色变,那时人们对结核病的恐惧并不亚于今天我们对癌症和"艾滋病"的恐惧。

为了擒住"恶魔",让人类走出结核病的阴影,重新沐浴在健康的生命阳光之中,一群勇敢的人开始了与"魔鬼"打交道的艰辛历程。

埋头研究的科赫

19世纪末,德国的科赫在结核病的结节中发现了结核病菌。结核病菌现出原形后,如何"宜将剩勇追穷寇",发明征服顽疾的疫苗,成了科学家们梦寐以求的目标。此时,时间也闪电般地进入了20世纪。沐浴在新世纪的阳光之中,法国的细菌学家卡尔梅特和介林试制成功了结核病菌的人工疫苗，又称"卡介苗"，使人类拥有了抵抗结核病菌侵袭的有力武器，从而将结核病魔锁进了樊笼。

卡尔梅特与介林是怎样取得成功的呢？这里还有一段有趣的故事。

那是一个阳光和煦、柔风轻拂的下午，时值收获的金秋季节，巴黎近郊的马波泰农场上，农场主马波泰先生正在自己经营的一片玉米地上转悠。这时，迎面走来两个学者模样的年轻人，他们在热烈地讨论着问题。

"奇怪，琴纳在牛身上能取得牛痘疫苗，可我们将结核病菌种在公羊上的试验却遭到失败。为什么？"

"是不是咱们分离提取的结核病菌有问题？"

"不会吧？我看我们还是从别的地方找找原因。"

说着说着，这两位学者模样的年轻人不知不觉走到了农场主马波泰面前。他们见眼前并不贫瘠的土地上长着一片玉米，穗儿特小，叶子枯黄，便关切地问："看来今年收成不好啊，是缺少肥料吗？"

"哦，不，先生们，这种玉米引种到这里已经十几代，有些退化。"农场主似乎有些无奈地回答。

"什么？退化！"两个陌生人几乎异口同声地重复了农场主无意间提到的这个词——退化。

"是的，退化了。一代不如一代！"农场主苦笑着。

一代不如一代？卡尔梅特和介林立即从玉米种子的退化想到：如果把毒性很强的结核病菌，一代接一代地定向培育下去，它的毒性是否也会退化呢？而这种毒性退化了的结核病菌，作为疫苗注射到人体中去，不就可以使人体产生抗体，从而获得结核病的免疫力了吗？卡尔梅特和介林想到这儿，来不及和农场主告别，便匆匆回到了自己的实验室，开始了结核病菌的定向培育实验。

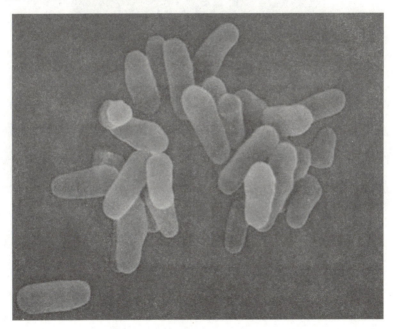

结核病菌

这实验一做就是 13 年！4700 多个日夜地耕耘不辍，终于结出了硕果，他们培育出了 230 代驯服了的结核病菌作为人工疫苗。后来，人们为了纪念为人类的健康与生命做出了卓越贡献的科学家卡尔梅特和介林，便把这种结核病疫苗命名为"卡介苗"。

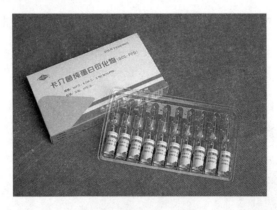

卡介苗

卡介苗接种的主要对象是新生婴幼儿，接种后可预防发生儿童结核病，特别是能防止那些严重的结核病，如结核性脑膜炎。接种卡介苗对儿童的健康成长很有好处，卡介苗接种被称为"出生第一针"。

人类终于征服了结核病魔！

不惜牺牲自由以图苟安的人，既不配享受自由，也不配获得安全。

——富兰克林

名句箴言

人痘接种术

天花是一种传染性较强的急性发疹性疾病，它在我国古已有之。早在晋代时，著名药学家葛洪在《肘后备急方》中已对天花进行了记载，他说："比岁有病时行，仍发疮头面及身，须臾周匝，状如火疮，皆戴白浆，随快随生"，"剧者多死"，同时他对天花的起源进行了追溯，他指出天花起自东汉光武帝建武年间,这是世界上最早关于天花的记载。书中还说:"永徽四年,此疮从西流东,遍及海中。"这是世界最早关于天花流行的记载。

公元 9 世纪,欧洲天花甚为流行,在日耳曼军队入侵法国时,兵士感染天花,统率者竟下令采取杀死一切患者的残忍手段以防止其传染,结果天花照样流行,在印度则采取供奉"天花女神"的迷信办法来治疗疾病,自然也无济于事。

中国人民在面对天花时,不是采取消极抵抗的措施,而是对天花病毒进行研究,以求对其达到彻底的根治和杜绝。早期的医学研究者不仅早就注意天花的治疗,而且积极采取预防措施防备天花的袭击。据清代医学家朱纯嘏在《痘疹定论》中记载,宋真宗或仁宗时期,四川峨眉山有一医者能种痘,被人誉为神医,后来被聘到开封府为宰相王旦之子王素种痘并获得成功,后来王素活了 67 岁,这个传说也许有讹误,但不能排除宋代有产生人痘接种萌芽的可能性。到了明代,随着对传染性疾病的认识加深和治疗痘疹经验的丰富,人痘接种术被正式发明。

清代医家俞茂鲲在《痘科金镜赋集解》中说得很明确:"种痘法起于明隆庆年间,宁国府太平县,姓氏失考,得之异人丹徒之家,由此蔓延天下,至今种花者,宁国人居多。"乾隆时期,医家张琰在《种痘新书》中也说:"余祖承聂久吾先生之教,种痘箕裘,已经数代。"又说:"种痘者八九千人,其莫救者二三十耳。"这些记载说明，自 16 世纪以来，我国已逐步推广人痘接种术，而且世代相传，师承相授。清初医家张璐在《医通》中综述了痘浆、旱苗、痘衣等多种预防接种方法。其具体方法有两种：第一种是用棉花蘸取痘疮浆液塞入接种儿童鼻孔中或将痘痂研细，用银管吹入儿童鼻内；第二种是将患痘儿童的内衣脱下，着于健康儿童身上，使之感染。这两种方法都是使接受疫苗者产生抗体来预防天花。

从种种记录可以看出，我国最迟在 16 世纪下半叶已发明人痘接种术，到 17 世纪已普遍推广。1682 年，康熙皇帝曾下令各地种痘。据康熙的《庭训格言》写道："训曰：国初人多畏出痘，至朕得种痘方，诸子女及尔等子女，皆以种痘得无恙。今边外四十九旗及喀尔喀诸藩，俱命种痘，凡所种皆得善愈。尝记初种时，年老人尚以为怪，朕坚意为之，遂全此千万人之生者，岂偶然耶？"可见当时种痘术已在全国范围内推行。

人痘接种法的发明很快引起外国注意，俞正燮《癸巳存稿》载："康熙时，俄罗斯遣人至中国学痘医。"俄国是最早派留学生来中国学习种人痘的国家，种痘法后经俄国又传至土耳其和北欧。1717 年，英国驻土耳其公使蒙塔古夫人在君士坦丁堡学得种痘法，3 年后为自己 6 岁的女儿在英国种了人痘，随后欧洲各国和印度也试行接种人痘。18 世纪初，突尼斯也推行此法。1744 年杭州人李仁山去日本九州长崎，把种痘法传授给折隆元等人，乾隆十七年《医宗金鉴》传到日本，种痘法在日本就广为流传了，其后此法又传到朝鲜。18世纪中叶，我国所发明的人痘接种术已传遍欧亚各国。1796年，英国人琴纳受我国人痘接种法的启示，试种牛痘成功，这才逐渐取代了人痘接种法。

1947年纽约人排长队种痘

我国发明的人痘接种是对人工特异性免疫法的一项重大贡献，18世纪法国启蒙思想家、哲学家伏尔泰曾在《哲学通讯》中写道："我听说100多年来中国人一直就有这种习惯，这是被认为全世界最聪明最讲礼貌的一个民族的伟大先例和榜样。"由此可见，我国发明的人痘接种术在当时世界的影响是巨大的。

嚄！高尚的风度！多可怕的东西！风度乃是创造力的敌人。

——毕加索

名句箴言

种痘术的东归

在过去，天花病让人谈虎色变，今天这个致命的疾病已经被人类彻底消灭了。在征服天花病毒的道路上，中国做出了不可磨灭的贡献。我国在治疗天花这种疾病的过程中，创立了医学史上的第一种人工免疫疗法，这项发明具有重大的历史意义，因为它是人类治疗所有传染病的过程中迈出的关键性的一步。

　　要了解种痘术的发明史,就必须了解古代天花病的流行史。天花是一种过滤性病毒引起的烈性传染病,得了这种病后的死亡率极高,一般可达 25％,有时甚至高达 40％。侥幸逃生者,也会留下永久性的疤痕或者失明。我国民间有句俗语说:"生了孩子只一半,出了天花才算全。"可见天花危害之严重。

木乃伊

　　早在3000多年前的埃及木乃伊上,就可以见到天花的疤痕。印度在公元前 6 世纪,也有关于天花疾病的记载。中世纪时,天花在世界各国广泛流行,几乎有 10％的居民死于天花,1/5的人脸上有麻点,甚至连皇帝也无法幸免,法皇路易十五、英女王玛丽二世、德皇约瑟一世、俄皇彼得二世等都是感染天花而死的。18世纪,欧洲人死于天花的人数达1.5亿以上。美洲的天花是16世纪时由西班牙人带入的,据载1872年,美国流行天花,仅费城一个城市就有2585人死亡。在俄国,1900～1909年的10年中,死于天花者竟达50万人,可见天花是一种极其凶险的传染病。

我国古代典籍上没有见到有关天花的确切记载。晋代科学家葛洪所著的医学书籍《肘后备急方》中第一次描写了天花的症状及其流行情况,书中这样写道:"比岁有病时行,乃发疮头面及身,须臾周匝,状如火疮,皆载白浆,随决随生,不即治,剧者多死。治得差者,疮瘢紫黑,弥岁方灭,此

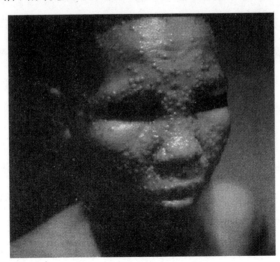

天花病人

恶毒之气。"近人根据葛洪《肘后备急方》中的记载"以建武中于南阳击虏所得,乃呼为虏疮",推断此病大约是在公元 1 世纪传入我国的,因战争中由俘虏带来,故名"虏疮"。从此,我国历代典籍累有天花记载,虽然各书所称病名不一,但从所描述的症状,显属天花无疑。唐宋以来,此病逐渐增多,15 世纪以后,由于交通发达,人员往来频繁,天花在我国广泛流行,甚至蔓延到深宫禁闱,据载顺治皇帝就是患天花死去的,康熙幼年时为了避免感染,由保姆看护于紫禁城外,不敢进宫看望他的父皇。

由于天花严重威胁着人民的生命,因此,古人很早就开始摸索防治天花的方法。

经过实践的检验,古人发现,一个人如果得了某种传染病,可以长期或终身不再得这种病,有的即使再得病,也是比较轻微而不致死亡。人们从中得到启发,懂得"以毒攻毒"的原理,即在未发病之前,先服用或接种这种有毒的致病物质,使人体对这些疾病产生特殊的抵抗力,从而抵抗住这种疾病的进攻。

在"以毒攻毒"思想的指导下,我国努力寻找预防天花的办法。明代郭子章的《博集稀痘方》和李时珍的《本草纲目》中,都记载了用水牛虱和粉做成饼服下以预防天花的方法。虽然这种方法尚未得到实际效果,但是它表明古人在"以毒攻毒"这种思想的影响下,正在寻找防治天花的方法。

经过长期的摸索与多方面的临床试验,中国人终于找到了行之有效的人痘接种法。

我国清初朱纯嘏的《痘疹定论》一书中记载了这样一则故事:宋真宗时的宰相王旦一连生了几个子女都死于天花,待到老年又生了一个儿子,取名王素,王旦担心儿子重遭不幸的病害,于是召集了许多医师来商议,请他们提供防治痘疮的方法。当时有人提议说,四川峨眉山有一个"神医"能种痘,百不失一。丞相王旦立即派人去请,一个月后,那位医师赶到了汴京。医生对王素做了一番检查后,摸着他的头顶说:"这个孩子可以种痘。"次日就为他种了,7天后小孩身上发热,12天后种的痘已经结痂。据载这次种痘效果很好,后来王素活了67岁。关于王素种痘的故事是我国典籍上有关种痘的最早记载,由于此说缺乏旁证,尚不足以确证我国在11世纪时已经发明种痘术了。

没过多久,清代俞茂鲲的《科金镜赋集解》一书中对我国种痘术的起源年代做了明确的阐述:"种痘起于明朝隆庆年,宁国府太平县,姓氏失考,得之异人丹传之家,由此蔓延天下。至今种花者,宁国人居多。"从此以后,我国典籍累见有种痘的记载。明末,喻昌的《寓意草》中记载有顾提明的二郎、三郎在北京种痘的医案。10年后,董含的《三冈识略》中又记载安庆的一位姓张的医师传习种痘术已有3代,其法为:"取患儿的稀痘浆贮于小瓷瓶内埋在土内待用,使用时将所贮浆染衣,使小孩穿着,三日萌芽,五日痘长,十日痘萎。"这是清初人记录种痘的最早文献。1681 年,清政府曾专差迎请江西医师张琰为清朝王子和旗人种痘。据张琰《种痘新书》说:"经余种者不下七八千人,屈指记之,所莫救者,不过二三十耳。"可见,当时的种痘术已经有相当高的水平了。1695 年,张璐的《医通》中记有痘浆、旱苗、痘衣等法,并记述种痘法"始自江右,达于燕齐,近则遍行南北。"由此可见,我国在 16 世纪下半叶发明种痘术后,到了 17 世纪已推广到全国,而且技术也相当完善了。

早期种痘术采用的是天花的痂,叫作"时苗",实际上是以人工的方法使接种者感染一次天花,这种疫苗的危险性比较大。我国在种痘的过程中,逐步取得选择苗种的经验。清代郑望颐在《种痘法》中主张用接种多"苗性平和"的痘痂作苗,叫作"熟苗",这类疫苗的毒性已降低,接种后比较安全。同时代的俞茂鲲又指出,苗种递传愈久愈好。朱奕梁《种痘心法》进一步指出:"良由苗种愈久,则药力之提拔愈清,人工之选练愈熟,火毒汰尽,精气独存,所以万全而无患也。若'时苗'能连种七次,精加选练,则为'熟苗'。"这种通过连续接种和选炼来减低痘苗毒性的方法,是合乎现代科学原理的。

我国发明的人痘接种法,有效地保障了儿童的健康,不久便流传到了国外。1688 年,俄国首先派医生来中国学习种痘及检痘法。据史籍记载："康熙时,俄罗斯遣人至中国学痘医,由撒纳特衙门移会理藩院衙门,在京城肄业。"这是文献上记载的最先派医生来我国学习种痘的国家。18世纪,我国的人痘接种术由俄国传至土耳其。当时英国驻土耳其的大使夫人蒙塔古在君士坦丁堡看到当地人

我国儿童接种人痘

为孩子种痘以预防天花,效果很好,颇为感动。由于她的兄弟死于天花,她自己也曾感染此病,因此,她决定给她的儿子接种人痘。1717年在大使馆外科医生的操作下,她的儿子接种了人痘。事后,她把成功的消息写信回国告诉了她的朋友。1718年6月蒙塔古夫人返英后,又大力提倡种痘。从此,人痘接种术在英国流传起来。随后,欧洲各国和印度也试行接种人痘。18世纪初叶,非洲北部突尼斯也开始推行此法。

　　18世纪,中国的种痘术传入英国以后,在英国流传达

40年之久。英国的一个乡村医生琴纳幼时也种过人痘,后来他在行医过程中,通过挤牛奶妇女的经验知道:得过牛痘后就不会再生天花了。琴纳由此得到启发,想到这可能是牛痘使他们对天花

接种疫苗

产生了抵抗力。1796年5月14日,琴纳首次从正在患牛痘的挤奶女孩手上沾了一些痘浆接种在自己幼小的儿子的手臂上,当时他的儿子并未患天花,接种部位生了一个典型的牛痘。6周后,琴纳特意给儿子接种天花痘浆,结果这个男孩安然无恙,这就证明他对天花已经有免疫力了。后来,经过反复试验,证明接种牛痘后确实能预防天花。

1805年,种牛痘法由澳门的葡萄牙商人传入我国,因为牛痘比人痘更为安全,所以我国民间也逐渐改种牛痘了。

20世纪,由于接种牛痘技术在世界范围内的普及,天花病毒越来越无处藏身。到了20世纪80年代,人类终于彻底地消灭了天花。

20世纪60年代以后，由于对传染病的诊断、治疗和预防能力大大提高，人类曾一度遏制过传染病肆虐的脚步，因此原来那些并不占主要位置的疾病，如肿瘤、心脑血管病等凸现了出来，于是在20世纪70年代曾经有人说，今后传染病将不再是威胁人类生命健康的主要敌人，然而事实证明，这是当时医学界一个错误的判断。

旧的传染病被消灭或遏制了，但新的传染病又会出现。细菌和病毒迫于生存环境的剧烈变化，不断对自身进行着变异和重组，病毒更是传染病的元凶。在所有传染病中，70％是病毒性传染病。在已知的4000多种病毒中，能造成严重后果的就有上百种。近30年来，平均每年都会有10种新病毒出现，大家熟知的有艾滋病、流行性

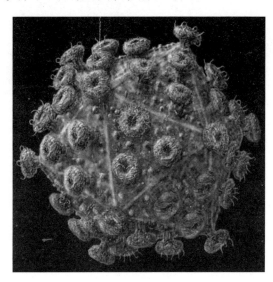

艾滋病病毒

出血热、埃博拉、疯牛病等病毒，当然还有广泛存在的乙肝、流感病毒等等。

新病毒不断出现，人类有没有好办法消灭或者遏制它们呢？现在我们对很多病毒和它们的蛋白质还很不了解，如果真弄清楚，就可以从分子水平上控制病毒、设计药物和保护受体。

可以相信，在 21 世纪里，人类对传染病等各种疾病的研究，在分子水平和基因等方面会有一个大发展。也许我们有一天可以说：我们真的不再惧怕传染病。

敌强潜伏危机尤在

名句箴言

凡怕天怕地怕人怕鬼的人，必是心中有鬼，必是品行不端。

——宣永光

从非典型肺炎谈起

在2003年上半年，一场气势汹汹、突如其来的可怕瘟疫席卷全球，其中以我国为甚。据统计，2003年上半年我国内地24个省、自治区、直辖市先后发生非典型肺炎疫情，这场疫情总共波及266个县，截至2003年8月16日10时，我国内地累计报告非典型肺炎型肺炎临床诊断病例5327例，治愈出院

4959 例，死亡 349 例。全球非典型肺炎患者累计为 8460 人，累计 808 名非典型肺炎患者死亡。在这场浩劫中，共有 32 个国家和地区出现过非典型肺炎和疑似非典型肺炎患者。

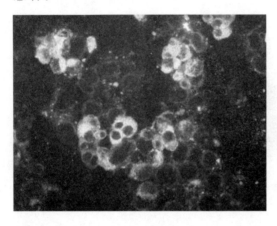

非典病毒

这场疫病破坏性极大，它严重威胁了我国人民的健康和生命安全，影响了中国经济发展、社会稳定和对外交往，造成了巨大损失。党中央、国务院高度重视非典型肺炎防治工作，明确提出把人民群众身体健康和生命安全放在第一位，将防治非典型肺炎列为各项工作的重中之重，采取了一系列重大决策和部署，直接领导了这场波澜壮阔的抗击非典型肺炎斗争。经过全国上下的共同努力和艰苦工作，防治非典型肺炎工作取得了阶段性的胜利，全国经济和社会秩序恢复正常。

现在，非典型肺炎已经过去整整 3 年了，但我们仍应时刻紧惕，做好防范紧急事件的准备。

多听，少说，接受每一个人的责难，但是保留你的最后裁决。

——莎士比亚

名句箴言

人类的公敌

非典型肺炎的来临引起了全球的巨大恐慌，它再次表明病毒传染病这种经常暗下毒手的恐怖杀手是不会销声匿迹的，只要一有机会，它们就会再次兴风作浪，荼毒生灵。事实上，全球每年死于病毒传染病的人不计其数，下面就让我们来再次认识一下这群潜在的杀手，这群人类的公敌。

人见死鼠如见虎

鼠疫是鼠疫杆菌引起的一种烈性传染病,人们又称其为黑死病。在人类历史上,黑死病以其危害惨烈给人类造成巨大灾难。鼠疫是最典型的自然疫源性疾病,病原体广泛寄居于鼠类及旱獭等野生啮齿动物体内,由带菌跳蚤叮咬引起,主要类型有腺鼠疫、肺鼠疫及败血症型鼠疫。患者

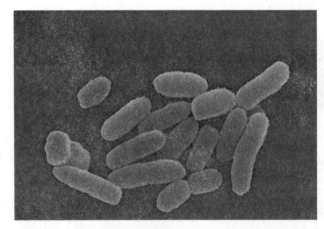

鼠疫杆菌

最终因严重呼吸困难和缺氧造成皮肤出血坏死,皮肤呈紫黑色,故有黑死病之称。在鼠疫暴发流行期间,人和鼠大量死亡,尸陈街巷,惨相绝伦,令见者恐惧,谈鼠色变。在人类历史上,古今中外,都有大量的诗文和绘画,描述鼠疫大流行时期的恐怖景象。

鼠疫流行范围广,危害性大,被世界各国列入烈性传染病。鼠疫在全世界曾发生三次大规模的流行。

人类历史上第一次有文献记载的鼠疫流行发生在东罗

马帝国。东罗马建都于君士坦丁堡,因此又称拜占庭帝国,因其版图横跨欧亚非三洲,因而造成了这次鼠疫在全世界范围内的流行。此次鼠疫大流行大约发生在公元 6 世纪查士丁尼统治时期。根据目击者的描述,在瘟疫传播的高峰期,君士坦丁堡每天有 5000～10000 人染病死亡,总死亡人数在 20 万人以上,这场致命的瘟疫几乎摧毁了整个君士坦丁堡。鼠疫从君士坦丁堡出发,后来逐渐传播到西欧,此后又在地中海地区漂泊肆虐了 200 年之久。人们把这次起源于公元 542 年的鼠疫称为"查士丁尼鼠疫","查士丁尼鼠疫"神经质的流行使欧洲南部 1/5 的人口丧命,此后五六十年间里又有几次反复流行,估计总死亡人数达 1 亿。

鼠疫第二次大规模流行开始于 14 世纪 20 年代,一般认为这次鼠疫起源于中亚细亚戈壁,10 年之内它就蔓延到中国的中原地区,并在此后的几百年间频繁爆发。1384 年,处于传染高峰的世界大城市之一的开罗,每天的死亡人数超过了 7000 人。到 1394 年,整个中东地区有 1/3 的人口死于鼠疫,其中城市人口有 1/2 死亡。1346 年,鼠疫传播到克里米亚半岛。1348 年 1 月,鼠疫侵袭威尼斯和热那亚两个港口城市,以后蔓延至整个意大利,佛罗伦萨受灾最严重,城里 95000 人死掉了 55000 人。1348 年底,英格兰南部也受到侵害。1349 年,从爱尔、挪威到维也纳的广大地区都变成了鼠疫流行区。有人估计,1347～1350 年,仅在欧洲就有

2000万人死于鼠疫,但疫区还在不断扩大,又延及到德国北部和斯堪的纳维亚半岛,后来于1352年传到俄罗斯西部。1350~1400年间,欧洲人的寿命从30岁缩短到仅仅20岁。到16世纪末,欧洲每10年就发生一次流行鼠疫高峰。整个16世纪和17世纪,鼠疫仍是威胁欧洲人生命的头号元凶,至少有2500万人死亡。当然,在这段时间内的军事行动的诸多事件,如伊斯兰的扩张、十字军东征、奥斯曼帝国的军事行动以及莫卧尔人的征服等等都助长了鼠疫的传播。1664~1665年,伦敦再次发生鼠疫大流行,鼠疫就是在这次流行中被命名为"黑死病"的。这次伦敦鼠疫直到全市发生了特大火灾后才得以平息,而这次世界性的鼠疫第二次大流行,到1800年左右才停止。

19世纪90年代到20世纪30年代的40年间,出现了第三次世界性的鼠疫大流行。这次鼠疫流行的传播速度之快、传播范围之广,大大地超过了前两次。这次鼠疫大流行被认为来自中国云南省。

中国最初并没有鼠疫,中国的鼠疫约在公元2世纪由印度传入,在宋元时期和明末都曾有较大的流行。师道南的《死鼠行》不仅较逼真地描述了这次发生在云南的疫情,还第一次将发疫与死鼠联系起来,此后医家们遂把以往称为痒子病、耗子病、核子瘟等病名统称鼠疫。吴学存于光绪十七年所撰《鼠疫治法》是最早的防治鼠疫的专著。清代金武祥在他的《粟香随笔》中记述了在 1890 年初起于安南，后延及我国广西、广东廉州府和雷州府的疫情；描述了 1894 年广东鼠疫，病死者数以万计及居民防鼠和用药治疗的情况。1895 年的《博医会报》曾详细记载了 1844 年我国鼠疫的流行经过，这也是第一次用鼠疫病名报道的疫情。

1894 年始于我国云南的鼠疫，在云南流行了一段时间之后传入广州、贵州、香港、福州、厦门等地，死亡达 10 万多人。1911～1920 年，我国北方又有从俄国传入东北三省的鼠疫，虽然在不久后疫情得到了控制，但已造成 6 万余人的死亡。我国南方的鼠疫又迅速蔓延到印度，19 世纪末 20 世纪初又从印度出发波及欧洲和非洲，在 10 年期间就传到 77 个港口的 60 多个国家，死亡达 1000 万人以上。这次世界性的鼠疫大流行，到 20 世纪 30 年代才得以终止。

今天世界上的防疫措施不断完善，但在部分地区仍有鼠疫流行。在 20 世纪 70 年代鼠疫出现了流行高峰，1974 年全球共发现 2756 例疫情，其中越南占 1592 例。20 世纪 90 年代以后，鼠疫的发病地区主要为亚洲、非洲及美洲。1944 年东西半球同时发生严重流行，其中印度苏拉特邦的爆发最为显著，共 693 例。近年世界每年报告的病例在 2000 例以上。我国自 1960 年以后，每年仅发生 1～10 例左右，惟 1995 年有 12 例，1996 年有 98 例。中国卫生调查证实，中国鼠疫疫源地分布在 17 个省、216 个县。1985 年的鼠疫由青海、西藏扩展到云南、内蒙古、新疆、甘肃共 6 个省区。这些数据提示我们，虽然鼠疫已经没有过去那样猖狂，但它仍在威胁我们，仍是应当重点防范的烈性传染病。

人类总是在不断地遇到困难，然后又不断地战胜困难，在战胜困难的过程中，我们总会得到一种或者几种宝贵的经验。在欧洲中世纪鼠疫大流行期间，人类发明了隔离检疫制度。

14 世纪后半期及 15 世纪，欧洲多次受到黑死病的袭击，意大利的一些港口首当其冲，在瘟疫流行的环境下，人们不断建立防疫意识。在米兰鼠疫流行期间，教堂内的人与外部隔离而未患鼠疫，米兰大主教因此提出了隔离方法，当时隔离的时间由 30 日延长至 40 日，这个制度也被用于船只到达港口后全体船员被隔离与监视的期限。与此相应的，在港口特别设置了港务监督——"健康监督人"的官员，这些都与商业利益有直接关联。后来在城市里出现了"城市医生"的专职防疫人员，医生在疫病流行时，身着长袖长衫，戴上仅露眼部的长鼻面罩，头顶大沿礼帽，手持教鞭在街上行走，用"黑马车"在全城收捡尸体，这种措施也被许多欧洲国家采用。与隔离检疫相应的，欧洲许多大城市颁布了防止传染病传染和播散的法规，其中以伦敦、巴黎、纽伦堡的条例最为著名。在控制人间鼠疫的同时，人类开始注意到基础卫生设施的建设，如城市应保证优质的饮水和完善的下水道,并提出以灭鼠来抑制鼠间鼠疫。这些隔离检疫制度都是从欧洲中世纪开始沿用至今的卫生体制。

19世纪80年代以后,一些国家相继成立了卫生研究机构,如1885年在柏林、罗马和巴黎成立了卫生研究所,1891年成立了利斯特研究所,这些研究所广泛开展了卫生学实验研究。1894年,法国细菌学家耶尔森和日本学者北里柴三朗在香港鼠疫流行期间发现了鼠疫杆菌,又称耶尔森氏菌。现在从流行病学和病理学研究得知,鼠疫是自然疫源性疾病,疾病的病源被认为是沿中印边界的喜马拉雅山边沿地区的黑鼠。鼠疫一般先流行于鼠类及其他啮齿动物之间,之后借助鼠蚤叮咬而传给人,从而造成人间鼠疫。

鼠疫的潜伏期2~7天,临床多表现为腺鼠疫型、肺鼠疫型、败血症型和轻型。腺鼠疫以淋巴结肿大为特点,即中医所称的核子瘟,其主要传播方式是鼠—蚤—人。腺鼠疫可蔓延至肺部转为肺鼠疫,也可因肺部经呼吸道感染而发生原发性鼠疫,其传播方式是人—人,因为肺鼠疫以呼吸困难和缺氧所致皮肤青紫为典型表现,故又称黑死病。败血症鼠疫最为凶险,如不立即抢救,可于数小时或2~3日内死亡,不过败血症鼠疫也有轻微的,这多见于流行初期或末期以及曾接受预防接种者,这种症者的表现是局部淋巴结肿大。

鼠疫诊断主要依靠流行病学资料、临床症状和细菌学检查确诊。在中世纪欧洲，其治疗除依靠宗教忏悔和隔离外，治疗药物主要是佛罗伦萨医生提供的蛇肉，这种蛇肉是含 100 多种成分配制的"解毒药"，实践证明这种"解毒剂"无济于事。20 世纪 40 年代，鼠疫主要用磺胺类药物和美兰治疗，不过自从链霉

进入疫区者要戴口罩、穿防护服

素问世以后一直是鼠疫的首选药物，其后研制出的四环素、氯霉素也有较好的效果，联合用药效果更佳。目前疫苗仅用于疫区人群，进入疫区者除施以物理防护，如戴口罩、穿防护服外，可口服四环素和注射链霉素加以预防。

中国关于疫情防治的情况文献方面记述甚早，如明代徐树丕的《识小录》、吴震方的《花村谈往》中已较详细描述病情、疫情。在清代乾隆时，学者洪亮吉的《北江诗话》和其后的俞曲园之《俞曲园随笔》、光绪时李日谦的《药言随笔》等书，均从鼠致疫论说病源。清代开始有研究鼠疫专书，如

吴学存的《鼠疫治法》、罗汝兰的《鼠疫汇编》和吴崇宣的《鼠疫约编》等。

在鼠疫的预防方面，为应对1910年东北三省发生的鼠疫蔓延，清政府设立了"京师防疫事务局"，并在山海关设立检验所，进行海口检疫，又在奉天设"万国鼠疫研究会"，1911年又在哈尔滨建立"鼠疫研究所"，在这两个机构中，中医学家伍连德博士任研究会会长和研究所所长。伍连德在东北三省鼠情的控制上采取了控制交通、隔离疫区、火化尸体、建立医院收治等有效的防治措施，使这场震惊中外的瘟疫很快得到控制。清政府为表彰伍连德博士在不到4个月的时间内就扑灭鼠疫大流行的功绩，授予他陆军蓝翎军衔及医科进士，伍连德被医学界称为"鼠疫斗士"。1911年4月清政府在奉天召开由中、英、美、法、德、俄、日、意等11个国家医学专家参加的万国鼠疫研究会议，这是中国举办的第一次国际学术会议，伍连德博士当选为大会主席。

鼠疫流行的预防，促进了我国疾病控制体系的建设。早在清同治六年，清政府就在海关实行了海港检疫。民国十八年以后，又先后在上海、广州设立海港检疫管理处。鉴于民国六年绥远、陕西两省流行鼠疫，死亡达16000人，国民政府于民国八年成立中央防疫处，隶属于内务部。后来民国政府卫生部成立，中央防疫处转而隶属于卫生部，中央防疫处主管全国卫生防疫事宜。对于传染病的预防，早在民国五年,内务部即颁布《传染病预防条例》,鼠疫被列入 9 种急性传染病。民国十七年,又颁布了该条例的《实施细则》,明确规定了鼠疫的消毒隔离日数为 7 天。

中华人民共和国成立以后,即将"预防为主"定为我国卫生工作方针之一,1951 年制定了《传染病管理条例草案》,在 1956 年召开了"全国鼠疫防治专业会议",会议本身就体现了对预防鼠疫的重视。1989 年 2 月 21 日,又公布了《中华人民共和国传染病防治法》。在上述几个法规中,鼠疫都被列入甲类头号法定传染病。建国 50 多年来,鼠疫被控制的事实表明我国在预防传染病方面成就是卓越的。目前,我国人间鼠疫已被控制,但这并不能排除鼠疫对我们的威胁,其挑战也将无休无止。我们决不应该放松警惕,要依靠先进的技术,以创新精神不断提升鼠疫的防治水平。

人类混乱的根源

19 世纪最主要的瘟疫是霍乱,但很少有人想到,它之所以在那个世纪越出孟加拉国境游遍全球,其实与同时代的工业革命有千丝万缕的联系。

霍乱在孟加拉是历史悠久的地方疾病,它有时也会走出家门,到印度其他地区或是邻近国家扮演一次流行病的角色,但当 19 世纪几件新鲜事物进入人们的生活以后,霍乱首次发现世界各地为它大开方便之门。这些新鲜事物就是:轮船、火车以及卫生条件恶劣、人们挤在一起谋生的新兴的工业城市。

霍乱肆虐的街头

1817 年,霍乱的第一次广泛流行是从孟加拉的疾病流行区开始,向东通过船只由东南亚传播到东部的中国,向西由一支登陆的英国军队带到阿拉伯,又从那里渗透到西部的埃及,并经波斯传播到叙利亚、安纳托利亚以及里海沿岸。第二次广泛流行开始于 1824 年,这次流行不仅覆盖了第一次流行时的大部分地区,而且还进一步深入传播到俄罗斯。当时的俄罗斯正在进行一连串的战争,不间歇的调兵遣将给了霍乱弧菌很多搭乘顺风车的机会,它从俄罗斯南方向西穿过欧洲大陆,直抵波罗的海。1831 年霍乱已经乘船进入英国,然后于 1832 年越过大西洋席卷北美洲,在 1833 年传入加勒比海和拉丁美洲地区。霍乱第三次大流行开始于 1839 年,当时霍乱伴随着英国军队进入阿富汗,1840 年进入中国,然后从中国又传播到波斯和中亚地区,接着它轻车熟路地沿着原来的线路进入阿拉伯和欧洲,1848 年越过大西洋流行于南北美洲。

在 19 世纪 50 年代,霍乱继续肆虐,这是一次新的传染病还是第三次流行的继续,到现在还存在着争论,但是,无论情况是什么样,到 1854 年,东西半球都已被这个来势凶猛的瘟疫所淹没。欧洲历史最悠久的王朝——哈布斯堡王朝也就在这场大瘟疫以及同时代的社会大变动打击之下,颓然倾覆。

霍乱的第四次流行开始于 1863 年,平息于 1874 年,在过渡期间到访了大多数过去经常流行的地方。第五次流行开始于 1881 年并一直持续到 1896 年,其流行广泛分布于远东的中国和日本、近东的埃及以及欧洲的德国和俄国。纽约的高效防治工作制止了疾病向北美洲的传播,但是南美洲像东非一样蒙受了疾病的侵袭。第六次流行从 1899 年开始,到 1923 年结束。在这场瘟疫中,西半球和欧洲的大部分幸免于难,在巴尔干半岛、匈牙利、俄罗斯部分地区,它的蔓延被及时地阻止,在南部欧洲只有零星的爆发。然而,远东地区的中国、日本、朝鲜以及菲律宾这些国家却都没有幸免。第七次霍乱流行始于 1961 年,大致遵循了与第六次流行相同的方式。在 20 世纪 90 年代初,霍乱重返西半球,从秘鲁向外传播到邻近的国家。

如果按死亡人数来看,霍乱并不能算是最厉害的疫病。然而霍乱带给人们的心理冲击力非常大,首先是因为它发病急骤、死状骇人,原本好端端的人,常常在受到感染的几小时之内就会暴毙,死者全身青黑,且由于严重脱水枯干得不成人形;其次是霍乱弧菌通常是通过饮用水大面积感染人群,常规的检疫措施对它起不到作用。

自古医生对传染病起源的解释历来有两大互相对立的学派:瘴气学派认为传染病源于死尸或一些腐烂物质发出的瘴气;接触传染学派认为传染病的根源在于接触到某些病菌。在霍乱大流行的年代,两派间的争论达到了白热化的程度。显微镜还没有得到使用以前,瘴气学派的理论占了上风,虽然 1854 年霍乱第三次大流行期间一名伦敦医生已经指出感染与饮用水源之间的关系,但他的意见并未得到重视。1883 年,德国医生科赫及其同事首次分离出霍乱弧菌,这才全面扭转了医学界的观点。1892 年,霍乱在德国流行期间,人们在汉堡市和毗邻的爱尔托纳城之间进一步发现由于两城取用的水源不同,瘟疫独独光顾了饮用易北河水的汉堡市,而将隔壁饮用过滤水的爱尔托纳抛在一边。这时,科赫的解释方才得到彻底信服。

　　尽管对病因的解释很久以后才达成一致,霍乱引起的恐慌却早就推动了工业城市的卫生设备、居住条件、医疗服务、水源供应等方面的改善。平时滞碍难行的改革措施在死亡的威胁面前往往异常快捷地被大众通过。今天我们在现代化大都市中视为理所当然的上下水系统便是在 19 世纪 40 年代由英国的功利主义改革派查德威克发起铺设的。1848 年间,英国会议成立了中央公共卫生机构,颁布了公共卫生法,这是公共卫生史上的重大进步。

杀人最多的时疫

　　在人类发展的历程中,每前进一步都会有瘟疫的身影,那么到底哪种瘟疫对人类影响最大、死亡人数最多呢？经过科学的统计和严格的分析,一致认为流行性感冒是历史上死亡人数最多的呼吸道传染病。流行性感冒简称流感,主要表现骤发高热、头痛、乏力、全身酸痛和咳嗽、流鼻涕、鼻塞、咽痛等呼吸道症状,少数病人还有鼻出血、食欲不振、恶心、便秘或腹泻等轻度胃肠道症状。病人面颊潮红,眼结膜轻度充血,眼球有压痛,咽部充血,口腔黏膜有疱疹。起病时畏寒,体温迅速上升至 39℃～40℃ 以上,一般感冒状况持续 3～4 天。退热后仍有乏力,持续 1～2 周。平素有慢性病者、幼儿和老年人,可发生流感病毒性肺炎。如果是重症流感,抗生素治疗无效,大多于 5～10 日内病情恶化并发病死亡。死因多是继发细菌感染,发生心力衰竭和周围循环衰竭。流感因流行次数多,一次流行能造成 2000 万～5000 万人死亡而令人畏惧。

流感可以不经治疗而自愈,它的来势也并不猛烈,但此病流行时的死亡人数居各种传染病之首,又以其对劳动力的影响以及在军队中流行而影响战斗力而堪称病魔中的巨魁。

2000 多年前人类就曾记载过流感的病情。公元前 412 年的古希腊时期,希波克拉底就记述了类似流感的疾病。美国流行病学家亚历山大·兰米尔等人认为,开始于公元前 431 年的伯罗奔尼撒战争中雅典人最终的失败,可能是流感与中毒的结果,这场失败终结了雅典人称霸的美梦。到了 19 世纪,德国医学地理学家希尔施详细列表记述了自公元 1173 年以来的历次类似流感的流行病暴发情况,明显由流行性感冒引起的第一次流行病发生在 1510 年的英国,后来在 1580 年、1675 年和 1733 年也曾出现过流行性感冒引起大规模流行病的情况。对流感大流行最早的详尽描述是 1580 年,自此以后,文献中共记载了 31 次流感大流行。

1742～1743 年由流行性感冒引起的流行病曾涉及

90％的东欧人。1889～1894年席卷西欧的"俄罗斯流感"的首发地在俄国中亚布哈拉，后传至西欧，这次流感发病广泛、死亡率很高，造成严重影响。自20世纪以来，全球共有5次流感世界性大爆发的记载，这5次流感分别发生在1900年、1918年、1957年、1968年和1977年。其中，1918年的流感造成了数千万人死亡，尽管这场流感在美国被称为"西班牙女士"，但是它似乎首先起源于美国，有可能是从猪身上传播的。在那一年，近1/4的美国人得了流感，50多万人因流感而死亡，几乎一半的死者是健康的年轻人。

"西班牙流感"也被称为"西班牙女士"，不过它却有些名不副实。首先，它似乎并不是从西班牙起源的。其次，这场流感绝对没有它的名称那样温柔。

从现有的医学资料来看，"西班牙流感"最早出现在美国堪萨斯州的芬斯顿军营。1918年3月11日午餐前，这个军营的一位士兵感到发烧、嗓子疼和头疼，就去部队的医院看病，医生认为他患了普通的感冒。然而，接下来的情况出人意料：到了中午，100多名士兵都出现了相似的症状。几天之后，这个军营已经有了500名以上的"感冒"病人。

在芬斯顿军营出现"感冒"的几个月里，美国全国各地都出现了这种"感冒"的踪影。这一阶段美国的流感疫情似乎不那么严重，与往年相比，这次流感造成的死亡率并不是特别高。在世界大战尚未结束时，军方很少有人注意到这次流感的暴发——尽管它几乎传遍了整个美国的军营。

随后,流感传到了西班牙,总共造成 800 万西班牙人死亡,这次流感也就得名"西班牙流感"。1918 年 9 月,流感出现在美国波士顿,这是"西班牙流感"最严重的一个阶段的开始。10 月,美国国内流感的死亡率达到了创纪录的 5%,战争中军队大规模的调动为流感的传播火上浇油。有人怀疑这场疾病是德国人的细菌战或者是芥子气引起的。

这次流感呈现出了一个相当奇怪的特征。以往的流感总是容易杀死年老体衰的人和儿童,这次的死亡曲线却呈现出一种"W"型——20~40 岁的青壮年成为了死神追逐的对象。到了 1919 年的 2 月份,"西班牙流感"迎来了它相对温和的第三阶段。

数月后,"西班牙流感"在地球上销声匿迹了。不过,它给人类带来的损失却是难以估量的。科学家估计大约有 5 亿人被感染,有 2000 万~5000 万人在流感灾难中丧生。相比之下,第一次世界大战造成的 1000 万人死亡只有它的 1/2~1/4。据估计,在这场流感之后,美国人的平均寿命下降了 10 年。1917 年,美国人平均寿命大约 51 岁,到了 1919 年,美国人平均寿命仅为 39 岁。

在漫长的岁月中,科学家们为复活 1918 年的流感病毒做了种种努力,演绎出一系列惊心动魄的历史故事,但这所有的努力都被历史学家们淹没了,正如美国《纽约时报》科学专栏特约记者吉娜·科拉塔在她的新作《又见死神——与流感共舞》一书的序言中所叙述的："非常明显,我以前根本不了解1918年那场席卷世界的大灾难,它的魔爪伸向了世上的几乎每一户家庭,所到之处无不满目疮痍。1918年大流感是历史大疑难之一,但被历史学家们淹没了。尽管他们一般遗忘的是科学和技术,而非瘟疫。"从吉娜·科拉塔的书中我们可以看到在第一次世界大战之后的1918年,传播全球的西班牙流感的流行所致死的人比战争本身的死亡还要多。

作者花了大量的时间走访了幸存者和有关科学家,记录了科学家们为复活该病毒所做的种种努力,描述了因对瘟疫的恐惧而导致政府政策的错误走向,还回忆了1918年大流感以及在此之前的几次流行,贡献了科学界在流感防治方面的第一手资料,书看起来非常紧张和刺激。从书中可以看到:第一次世界大战期间,向法国进发的美军第39团列队走过华盛顿西雅图大街时,每个士兵都戴着由美国红十字会提供的口罩;在西雅图,一个没有戴口罩的人被电车司机赶下车;1918年,在一场小职业球队联盟棒球赛的比赛中,双方队员的脸都看不清,原因就是每个队员都戴着防流感口罩;1976年,因害怕1918年的病毒以猪流感的形式再次出现,美国政府发起了一场全民免疫运动;1997年12月29日,为防止禽流感病毒伤害人类,成为另一场1918年大流感,香港开始杀死来自160家农场和1000多个零售商及摊位的120万只鸡!由此可见,流感确实是人类最古老、最致命的传染病杀手。

1957～1958年,"亚洲流感"导致280万人死亡;1968～1969年,"香港流感"流行,美国发生了103万有生命危险的病例,有3.4万人死亡。自1995年10月至1996年9月,国外流感活动明显加强。1995年10月,日本、英国、哈萨克斯坦和伊朗等国发生了流感大流行,同年12月日本北部发生流感,其流行规模约等于1994年同期的10倍。1995年12月至1996年1月期间,欧洲绝大多数国家,如挪威、法国、匈牙利、德国等国及美国相继发生了流感流行。1996年5～6月,在冬季流感一直处于平静状态的南半球一些国家,如澳大利亚、新西兰、智利和阿根廷等也相继发生了流感流行,至今这种病毒仍是最可怕的一种流感病毒。

在1953～1976年,我国已有12次中等或中等以上的流感流行,每次流行均由甲型流感病毒引起。1957年,甲型流感病毒流行,在6个月内波及全世界,我国2个月内即形成全国大流行,上海市发病率就高达54%。进入20世纪80年代以后,流感的疫情以散发与小暴发为主,1995年10月至1996年9月,我国流感活动程度比1994年10月至1995年9月明显增强。1995年12月下旬开始,我国华北和东北地区发生了由甲型流感病毒引起的流感流行,元旦前后达高峰。1996年2月流感波及华东地区，如山东、安徽、江苏和上海等地，接着南下，3～4月蔓延到湖北、湖南、两广、福建、四川和海南等省，然而到1996年8月份，天津和北京地区又出现了一个流感小流行波，虽然流行波比较小，但这在流感病毒新亚型毒株未出现的情况下，在华北地区于夏季发生流感流行实属罕见。

世界上最近的一次流感于2003年1月发生在刚果赤道省、班顿杜省和首都金沙萨等地，死亡人数众多，造成的破坏非常大。这次流感来源于中非共和国，多年战乱使刚果内地60％～80％的人营养不良，战乱还产生大量流动人口，因此流感蔓延十分迅速。

纵观人类历史,传染病的爆发和蔓延与人类生活环境的改变休戚相关。通过生物学知识可知,当一个动物种群密度过高时,就容易暴发传染病。据考古学家考证,在人类还处在原始的狩猎和采集生产阶段时,传染病是几乎不存在的。大约1万年前人类进入农耕文明时代后,人们开始定居生活,大规模开垦农田并驯养动物,人口商贸往来交流日益频繁,微生物生态环境发生变化,导致细菌变异,传染病也应运而生并逐步蔓延。

在过去的1000多年时间里,战争、通商、移民等大规模远距离的人口流动加剧了传染病的扩散。尤其是近代以来,随着航海事业的兴起,原本在各个大陆老死不相往来的人口开始频繁接触,传染

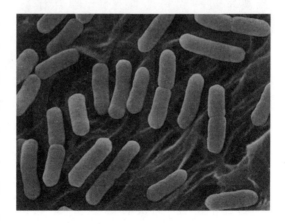

微生物

病的流行日趋猖獗。14世纪,一艘运载香料的意大利商船停靠在热那亚的一个港口,船上的老鼠跑到岸上,将当时被称为"黑死病"的致命病菌扩散开去。没多久这种病菌便迅速在整个欧洲蔓延开来,欧洲境内很多地方1/3甚至1/2的人口被吞噬。在14～15世纪,欧洲殖民主义者把天花、麻疹、流感等病毒带到美洲。由于长期与世隔绝,美洲印第安人对这些病毒没有任何抵抗力,90%的美洲印第安土著被灭绝,欧洲殖民者由此不得不从非洲大规模贩卖黑奴到美洲充当劳动力。

传染病不仅可以夺取大量的生命,甚至还在一定程度上改变了人类历史的进程。公元前5世纪西方史上著名的伯罗奔尼撒战争使新型流行病传到了希腊,1/4的雅典军队和城邦人口死亡,雅典称霸古希腊的雄心因此破灭。一次世界大战期间爆发的大流感先起源于美军位于堪萨斯州的一个军营,后渡海传到在欧洲参加世界大战的美国士兵中,之后又在意大利、德国、法国大面积传播,最后导致2100万人死亡。有人由此断言,是这场流感结束了一次大战。

18世纪末,英国医生爱德华·琴纳发明"牛痘"技术防御天花以来,人类对传染病的斗争进入了一个新的阶段。在传染病巨大的杀伤力面前,各国逐渐掌握对付它的规律,开始大力发展公共卫生事业,加强对传染病疫苗的研制。20世纪前半叶,由于医药卫生条件和营养状况的改善以及各种抗生素和疫苗的问世,传染病的死亡人数不断下降。到20世纪70年代后期,天花被最后消灭了,不少长期肆虐的传染病得到了遏制。

一些旧的病毒在逐渐地被征服,但一些新型传染病又相继出现了。过去20多年来,世界各地至少出现了30多种新的传染病,如艾滋病毒、埃博拉病毒、尼巴病毒、西尼罗河病毒等。据世界卫生组织2001年发表的报告表明,传染病仍是威胁人类健康的"第一杀手",每年全世界约有5400万人死亡,其中近2000万死于各种传染病。一些似乎已被征服的传染病也重新出现,如1990年俄罗斯爆发的白喉病,它波及东欧15国,病例逾10万。

人类在征服传染病病原体的过程中,病菌也在进行着"聪明"的应战。据医学专家说,传染病病菌进化的速度非常快,并在变异过程中,逐步培养起对已有药物的抗药性,以超强的生殖力不断繁衍生息。WHO曾发布一份报告称,目前"药物失去作用的速度与科学家发现新药物的速度差不多"。

现在,随着人类对环境的进一步破坏,深藏于大自然的原始病毒也逐渐凶相毕露。一些动物,尤其是原始森林中的动物身上的病原体不断地传播到人类中间并产生变异,导致新的传染病流行。众所周知的艾滋病、埃博拉出血热就是典型的例子。另外,全球气候变暖也破坏了微生物的生态平衡,助长了全球传染病的蔓延流行。